Linde von Keyserlingk

Da war es auf einmal so still

Linde von Keyserlingk

# Da war es auf einmal so still

Vom Tod und Abschiednehmen

Herder Freiburg · Basel · Wien

Dem Andenken meiner Brüder Gotho und Bernd

Einbandillustration: Pablo Picasso,
 © VG Bild-Kunst, Bonn 1997
Umschlaggestaltung: Eberle & Kaiser, Freiburg, nach einem Entwurf von
 Meike Hürster, Freiburg

Alle Rechte vorbehalten - Printed in Germany
© Verlag Herder Freiburg im Breisgau 1997
Herstellung: Freiburger Graphische Betriebe 1997
ISBN 3-451-26220-7

# Inhalt

Eine Zeit zu trauern .................... 9

Liebe Kinder! ........................ 17

*Pflanzen und Tiere*

Die Hyazinthe ....................... 20
*Brauchen Blumen ein Grab?*

Da war es auf einmal so still ............. 21
*Jan beerdigt sein Eichhörnchen*

Wo ist denn mein Vogel? ................ 25
*Wie man den Verlust nicht vertuscht, sondern betrauert*

*Geschwister*

Ich hab dir einen Tag gesammelt ............ 28
*Wie wir Sterbende am Leben teilhaben lassen können*

Die unsichtbare Idee ................... 33
*Ein Kind tröstet seine Mutter bei einer Fehlgeburt*

Deine Tränen auf meinen Wangen ........... 36
*Der Traum hilft uns manchmal, Abschied anders zu verstehen*

Das Heublumenbad .................... 39
*Kranke Kinder liegen der Mutter oft am meisten „am Herzen"*

## Inhalt

Der kurze Besuch eines Engels . . . . . . . . . . . . . . . . . 43
*Großmutter „erklärt" mit einer Geschichte den Frühtod des Geschwisterchens*

Zwei Engel in meiner Brust . . . . . . . . . . . . . . . . . . . . . 45
*Eine Geschwisterschar erlebt den Tod ihres Brüderchens*

### Eltern

Bäume fällen tut er nicht . . . . . . . . . . . . . . . . . . . . . . 49
*Wie wichtig es ist, mit Trauernden zu reden*

Daß mir auf Erden nicht zu helfen war . . . . . . . . . . . 53
*Versöhnung mit dem Freitod des Vaters*

Das gute Gefühl . . . . . . . . . . . . . . . . . . . . . . . . . . . . . 55
*Was eine schwerkranke Mutter ihren Töchtern verspricht*

### Großeltern

Wo bleibt die Sonne, wenn sie untergeht? . . . . . . . . . . 61
*Reden über die verstorbene Großmutter im Kindergarten*

Warum Omas graue Haare haben . . . . . . . . . . . . . 65
*Eine Geschichte vom Altwerden*

Großmutter liegt im Vogelbeerbaum . . . . . . . . . . . . 70
*Anna erlebt das Sterben von Mutters Mutter*

Taubenbriefe . . . . . . . . . . . . . . . . . . . . . . . . . . . . . . 74
*Gestaltung der letzten Zeit des Lebens*

Goldgrund und Abgrund . . . . . . . . . . . . . . . . . . . . 77
*Nur Daniel versteht seine „verrückte" Großmutter*

Die Geschichten der sieben Tiere . . . . . . . . . . . . . . 82
*Schlafstörungen haben etwas mit Kummer zu tun*

Die himmlischen Dosen . . . . . . . . . . . . . . . . . . . . 88
*Der letzte Tag im Leben mit Großvater*

## *Gewaltsamer Tod*

Blumen im Hof . . . . . . . . . . . . . . . . . . . . . . . . . 96
*Fürsorge für einen unbekannten Soldaten*

Warum muß Wasser fließen? . . . . . . . . . . . . . . . 98
*Ein Vater spricht mit seinem verunglückten Kind*

Der Gesang . . . . . . . . . . . . . . . . . . . . . . . . . . 102
*Die Versöhnung verfeindeter Familien*

Der übergroße Tod . . . . . . . . . . . . . . . . . . . . 106
*Kinder verarbeiten im Kindergarten Bilder aus dem Fernsehen*

## *Der eigene Tod und Jenseitsphantasien*

Das Schiff des Lebens . . . . . . . . . . . . . . . . . . . 109
*Kinder wissen von ihrem Tod. Geschwister gehören dazu*

Auf anderen Planeten . . . . . . . . . . . . . . . . . . . 115
*Wie ein Kind sich auf eine andere Daseinsform vorbereitet*

Irgendwann einmal . . . . . . . . . . . . . . . . . . . . 120
*Gespräch von zwei leukämiekranken Jugendlichen*

Das Lied der Schwalben . . . . . . . . . . . . . . . . . 123
*Wie man „lernt" zu sterben*

## Angstbewältigung

Der Starke . . . . . . . . . . . . . . . . . . . . . . . . . 128
*Der Onkel gibt einem Kriegskind wieder Selbstvertrauen*

Traum, Schlaf und Tod . . . . . . . . . . . . . . . . . 131
*Wie ein kleines Kind den Unterschied von Schlaf und Tod lernt*

Den Himmel unter den Füßen spüren . . . . . . . . . . . 136
*Angstbewältigung nach dem Verlust der Großeltern*

Die gute Angst . . . . . . . . . . . . . . . . . . . . . . 138
*Wie die Angst entstand, und was sie uns lehrt*

Anhang . . . . . . . . . . . . . . . . . . . . . . . . . . 144

> Das Weltall zerfällt in unendliche, immer
> von größeren Welten wieder erfaßten
> Welten. Alle Sinne sind am Ende ein Sinn.
> Ein Sinn führt, wie eine Welt, allmählich
> zu allen Welten.
>
> (Novalis)

# Eine Zeit zu trauern

## (Einleitung)

Immer, wenn Melanie zu mir in die Therapie kommt, baut sie im therapeutischen Sandkasten einen Friedhof. Sie vergräbt Menschen, Tiere und Schätze im Sand. Darüber baut sie Kreuze, Bäume und Blumen, auch niedliche kleine Tiere und Zwerge. Wenn sie das nächste Mal kommt, fragt sie immer: „Was hast du beim Aufräumen gefunden?" Dann muß ich ihr erzählen, was ich alles im Sand entdeckt und wie ich es wieder ins Regal eingeräumt habe. Dieses Spiel spielen wir lange Zeit.

Melanie malt schöne Bilder, von Gärten, der Schule, Tieren und Mickymäusen. Auf jedem Bild sind immer ein schwarzes Kreuz und ein Schmetterling zu sehen.

„Wir haben meinen Papa auf den Flughafen gebracht", erzählt sie. „Und wir sagten noch zu ihm: 'Lauf nicht so schnell die Treppe runter, sonst fällst du noch.' Und dann ist das Flugzeug runtergefallen, und mein Papa ist tot. Jetzt ist er im Himmel. Und das ist auch besser so. Denn wenn er immer so krank wäre, von dem Unfall, und so Schmerzen hätte, das wäre ja noch schlimmer."

Deutlich ist zu hören, was Melanie schon alles für Erklärungen bekommen hat. Und das ist gut so. So hat sie etwas, das sie erzählen kann. Sie hat Worte. Allerdings sind die Tatsachen noch nicht in ihr Herz und ihr Gefühl gesunken. Sie hat ihren toten Vater nicht gesehen. Er wurde nicht gefunden.

„Und vielleicht, vielleicht kommt er Weihnachten wieder. Oder, wenn ich ganz artig bin, zu meinem Geburtstag." Der Mutter, die sich auch nichts sehnlicher wünscht als das, fällt es schwer, das immer wieder zu verneinen.

„Und wenn er nicht zu meinem Geburtstag kommt, dann will ich aber ein ganz großes Geschenk, extra." Auch diese überhöhten Forderungen machen der Mutter Sorge. Außerdem ist Melanie viel krank, nicht schwer, aber man muß sich um sie kümmern.

Der Vater mußte oft verreisen, war eine Weile nicht da und kam dann wieder. Warum diesmal nicht? An was könnte das liegen? ‚Bin ich nicht lieb, ist er nicht lieb?' überlegt Melanie. Sie geht in die zweite Klasse. Manchmal steht sie mitten im Unterricht auf und sagt, daß sie jetzt nach Hause müsse; vielleicht sei gerade ihr Vater gekommen.

Unterdessen vergräbt Melanie weiter Menschen und Sachen im Sand. Flugzeuge landen oder stürzen ab. Und schwarze Kreuze sind auf allen Bildern. Aber auch Schmetterlinge. Und eines Tages, nach Monaten, malt Melanie einen riesigen Schmetterling, ganz allein auf ein Blatt. Da verschwinden die schwarzen Kreuze und der Friedhof. Auch die ständigen Wege zum Kinderarzt fallen weg.

Vom Herbst bis zum nächsten Sommer, das ist eine lange Zeit. Und so lange dauert oft das Trauern. Das ist ganz normal.

Der Tod eines nahen Menschen ist zuerst ein Schock. Dann aber merkt man, daß eine andauernde Veränderung im ganzen Leben und Lebensgefühl stattgefunden hat. Um das tägliche Leben nicht wie „ein Bild mit Loch" zu empfinden (wie es ein Junge einmal ausdrückte), muß man erst erfahren, daß ein Leben auch ohne die physische Präsens des Verstorbenen lebbar ist.

Es muß ein neuer Lebensplan entworfen und gelebt werden. Und das geht nur, wenn man vorher Abschied genommen und die Endgültigkeit der Veränderung akzeptiert hat.

Kinder erleben den Tod nicht wie wir Erwachsenen. Je nach ihrem psychischen Entwicklungsstand nehmen sie dieses Ereignis sehr verschieden auf.

Bis zum dritten Lebensjahr kann das Kind nur sehr wenig mit dem Begriff des Todes anfangen. Es hält das Ereignis des Todes für reversibel. Jemand ist weggegangen und kann auch wieder kommen, wie beim Versteckspiel.

Erst mit dem vierten Lebensjahr bekommt es eine begrenzte Vorstellung vom Tod, aber ohne besondere Empfindungen. Etwas ist immer noch da, auch wenn man es nicht sieht. Doch die unwiderrufliche Transformation begreift es immer noch nicht und benutzt darum eine Art „Rösselsprunglogik".

„Aber du glaubst doch sicher nicht, daß ein Toter noch sehen kann", lautete zum Beispiel eine Frage: „Nein, sie können nicht sehen, die Armen. Zu dunkel im Sarg. Aber dann, nachts, wenn sie rauskommen, dann können sie sehen. Nur nicht so gut." (Gregory Rochlin)

Mit dem fünften Lebensjahr verstehen Kinder, daß der Tod etwas Endgültiges hat. Tote Tiere atmen nicht, sind kalt und bewegen sich nicht mehr. Das sachliche Interesse am Todsein herrscht vor. Das Kind stellt viele Fragen. Es sieht, daß Tod etwas mit Alter und Krankheit zu tun hat. Älteste sterben zuerst.

Mit dem sechsten Jahr beginnt es, Gefühlsreaktionen auf Tod und Sterben zu zeigen. Es beschäftigt sich mit Todesursachen, mit Beerdigung und Begraben; fürchtet, daß vielleicht die Eltern sterben. Es glaubt aber nicht, daß es selbst stirbt (außer wenn es schwer krank ist).

Mit dem siebenten Jahr vertieft sich das Verständnis. Das Kind zeigt Mitleid mit Sterbenden und Trauernden. Es fängt an, sich Gedanken darüber zu machen, was nach dem Tod sein wird, wo die Toten hingehen, wie Beerdigungsrituale und Jenseitsphantasien in Einklang zu bringen sind. Es überlegt, wie es selbst mit dem Ereignis in Verbindung steht, ob es Schuld daran trägt, ob das eine Bestrafung ist, weil der Verstorbene (Eltern- oder Großelternteil) böse mit ihm war. Es entwickelt Verlustängste, wenn es auf irgendeine Weise emotional unterversorgt ist.

Mit etwa acht Jahren wird einem Kind klar, daß alle Menschen, es selbst einbegriffen, einmal sterben müssen. Es sucht nach Gründen dafür. Seine oft prälogischen Überlegungen sind keineswegs ein Ausweichen vor der Wirklichkeit, sondern es reagiert so gut es kann. Es ist nicht unsere Aufgabe, Kinder mit „der Wahrheit" zu konfrontieren, wenn sie ihrem Verständnis nicht hilft. „Der Unterschied zwischen erwachsener und kindlicher Logik liegt nicht im Wahrheitsgehalt, sondern in der grundsätzlich verschiedenen Art der Informationsverarbeitung." (Joseph Chilton Pearce)

Mit neun Jahren richtet sich der Blick des Kindes direkt auf den Tod, nicht nur auf die Begleitumstände. Es begreift ihn auch biologisch. Dennoch bleibt er etwas Unbegreifliches. Lange bevor sich das Abstraktionsvermögen entwickelt, muß das Kind bereits Elemente der Todesvorstellung seiner Kultur und Umgebung aufnehmen. Sie sind schon da, ehe die Logik reif genug ist, sie anzunehmen und zu füllen. Besonders um das neunte Jahr herum, kann das zu erheblichen Ängsten führen, wenn keine Hilfe angeboten wird.

Danach zeigen die meisten Kinder kein großes Interesse mehr für dieses Thema, wenn der Tod sich nicht in ihrer unmittelbaren Nähe ereignet.

Margaret Mead hat einmal darauf hingewiesen, wie wichtig für Kinder, gerade in unserer technisierten Welt, der Kontakt mit Tieren und Pflanzen ist. Indem Kinder lernen, deren Bedürfnisse zu befriedigen und sich nach ihnen zu richten, um so den Kreislauf des Lebens kennenzulernen, der den Tod einschließt, werden sie Achtung vor dem Leben und Ehrfurcht vor dem Tod lernen. Darauf gründet sich unsere Kultur. Eltern sollten Kinder nicht vor der Erfahrung des Todes bei Pflanzen und Tieren bewahren wollen, sondern sich sinnvolle Rituale des Verabschiedens ausdenken und die Kinder darin unterstützen.

Auch an Beerdigungsritualen für Verwandte sollte man Kinder in angemessener Weise teilhaben lassen. Wichtig ist es immer, die Gefühle und das Alter der Kinder zu beachten, um ihre Fragen angemessen beantworten zu können. Denn beantworten muß man sie. Es ist ungeheuer wichtig, daß ein Kind seine emotionalen Reaktionen auf den Verlust eines geliebten Menschen versteht und bewältigt. Dazu braucht es die Hilfe der Erwachsenen. „Psychoanalytische Forschungen haben ergeben, daß ein Mensch, dem es in seiner Kindheit nicht gelingt, einen Trauerprozess aufzuarbeiten und zu vollenden, entweder seine Gefühle preisgeben muß, um nicht plötzlich von ihnen überwältigt zu werden, oder aber sein ganzes Leben hindurch von einer Traurigkeit verfolgt wird, für die er keine angemessene Begründung zu finden vermag." (Erna Furmann)

Zudem ist es auch wichtig, mit Kindern in jeder Altersstufe neu über den Verlust eines nahen Verwandten und die Beziehung zu ihm zu sprechen, damit das Kind sein Bild von diesem Ereignis und dieser Person seinem Entwicklungsstand entsprechend vervollständigen oder revidieren kann. Unsere Beziehungsfähigkeit wächst und wandelt sich mit unserem Alter. Wenn das Ereignis des Verlustes im Kindesalter eintrat, als das Kind noch keine Vorerfahrungen hatte, aus denen es seine Zukunftsvisionen speisen konnte, und weil es zum Überleben von der Versorgung durch die Eltern abhängig war, wird sich der Schrecken des Verlustes viel nachdrücklicher eingraben, als es von einer späteren Sicht aus gegeben ist. Für heranwachsende Kinder ist es darum sehr wichtig zu erfahren (besonders im Fall von Suizid), daß Erwachsene auch ein eigenes Leben und Leiden haben, das nichts mit den Kindern zu tun hatte.

Elisabeth Kübler-Ross spricht von den fünf Phasen der Trauer, bei Sterbenden und Zurückbleibenden, die oft ineinander übergehen, aber immer zu beobachten sind. Diese finden sich bei größeren Kindern ebenso wie bei Erwachsenen.

Die erste Phase ist die des Nicht-wahrhaben-Wollens und Verleugnens:
Vielleicht stimmt es ja gar nicht... Vielleicht kommt Papa doch wieder... Vielleicht ist das Meerschweinchen nicht richtig tot, sondern friert bloß... Der Freund ist nur woanders hingezogen...

Die zweite Phase ist Zorn und Wut:
Warum stirbt er, geht einfach weg von mir? Warum gerade mein Bruder? Der und der ist Schuld daran! Ich will das einfach nicht...

Die dritte Phase ist die des Verhandelns:
Wenn ich ganz lieb bin, kommt er dann wieder? Wenn ich immer meine Medizin nehme... Wenn ich verspreche, daß... Wenn ich sehr darum bitte... (Eltern sagen ja auch oft zum Schluß doch noch ja.)

Die vierte Phase ist die der Trauer und Depression:
Verstummen, sich verschließen, in ein dunkles Loch fallen, nichts mehr wissen wollen.

Die fünfte Phase ist die der Annahme des Unvermeidlichen:
Ihr braucht nicht zu flüstern, ich weiß... Mein Fahrrad könnt ihr verschenken, das brauche ich jetzt nicht mehr... Mein Schiff fährt weit auf's Meer hinaus, das weißt du ja...

Wenn wir für Kinder verantwortlich sind, hilft es uns sehr zu beachten, in welcher Phase des Trauerns sie sich gerade befinden. Wir dürfen nicht erschrecken, wenn das Kind Wutausbrüche (oft sogar gegen den Verstorbenen) zeigt, wo wir stille Trauer erwartet haben; daß es gefühllose Fragen stellt, wo wir Tränen erwartet haben, oder daß es nichts wissen will und uns abweist und dennoch braucht. Oft versuchen wir es abzulenken. Seine kindlichen Tot-Spiele halten wir für krankhaft, und wir ertragen sie nur schwer. Wir sind froh, wenn es uns nicht jeden Tag einen Traum vom Tod erzählt. Außerdem sind wir als Betroffene oft so sehr mit unserem eigenen Schmerz beschäftigt, daß wir versuchen uns einzureden: Ein Kind versteht das alles ja noch nicht.

„Würden wir den Kindern nur etwas besser zuhören, so könnten wir vielleicht feststellen, daß sie uns mit ihren Spielen und Träumen etwas sagen wollen. Kinder versuchen oft, uns etwas zu sagen, was wir – blind und taub, wie wir sind – versäumt haben, ihnen zu sagen." (Joseph Chilton Pearce)

Die Geschichten dieses Buches sind als Gesprächsanregungen gedacht. Erwachsene können sie für sich lesen und dann den Kindern erzählen. Sie können sie den Kindern vorlesen und dann mit ihnen drüber reden. Einige kann man auch einfach nur so vorlesen, als kleine Botschaft dafür, daß Sterben und Trauern etwas Universelles ist, daß wir alle es erleben, jetzt oder später, und daß es ein gutes Gefühl macht, sich damit zu befassen und einander nahe zu sein. Unsere Angst wird dann geringer oder schwindet oft ganz.

Eine Voraussetzung dafür ist natürlich, daß wir Erwachsenen uns über unsere eigene Einstellung zu Tod und Sterben, zu Vorgeburtlichem und Nachtotlichem Gedanken machen. Wie auch immer wir es empfinden, welche Jenseitsphantasien wir entwickeln, sie sollen für uns selbst und andere hilfreich sein. Ob sie „wahr" sind, spielt keine Rolle und ist ja auch nicht nachprüfbar. Es gibt mittlerweile viele hilfreiche Bücher zu diesem Thema.

Seit vielen Jahren arbeite ich in Seminaren mit Menschen zusammen, die im Kindergarten, in der Sozialarbeit oder in Kliniken mit trauernden oder sterbenden Kindern zu tun haben.

Meine Erfahrung ist, daß die liebevolle und eingehende Beschäftigung mit diesen Themen uns nicht belastet, sondern gut tut. Wir werden uns unserer Fähigkeit des Verstehens und Tröstens bewußt, und wenn wir unsere eigene Angst auch nie ganz verlieren, so verstehen wir sie doch bei uns und anderen besser. Oft arbeiten wir selbst unsere Kindheitserlebnisse dabei noch einmal auf. Wir erkennen die heilende Kraft unserer Phantasie und sind in der Lage, daß Ende eines Lebens mit seinem Anfang in Verbindung zu bringen. Die Beschäftigung mit dem Tod macht uns das Leben verständlicher.

Aus dieser Arbeit und der Arbeit in meiner Praxis sind die Geschichten entstanden. Ich selber habe als Kind am Ende des 2. Weltkriegs den „übergroßen Tod" erlebt. Oft erkenne ich mich in den Kindern wieder, in ihrer Angst und Wut im Angesicht des Unbegreiflichen, ihrem seelischen Frieren, das nach Wärme und körperlicher Nähe verlangt, und ihren Sinnfragen, die zu beantworten sich alle Religionen seit Anbeginn der Menschheit bemühen. Ich weiß, daß schöne Texte und Gebete, auch wenn man ihren Sinn nicht ganz versteht, eine tiefe Fähigkeit des Trostes in sich bergen. Und ich weiß, daß unseren guten und helfenden Gedanken keine Grenzen gesetzt sind.

„Mich läßt der Gedanke an den Tod in völliger Ruhe, denn ich habe die feste Überzeugung, daß unser Geist ein Wesen ist, ganz unzerstörbarer Natur. Es ist ein Fortwirkendes von Ewigkeit zu Ewigkeit; es ist der Sonne ähnlich, die in unseren irdischen Augen wohl unterzugehen scheint, die aber eigentlich nie untergeht, sondern unaufhörlich fortleuchtet." (Johann Wolfgang von Goethe)

# Liebe Kinder!

Als ich so groß war wie Ihr, wußte ich wenig vom Tod, und als ich am Sterbebett meiner geliebten Großmutter stand, um Abschied zu nehmen, weinte ich nicht. Ich wußte ja nicht, daß es für immer sein würde. Erst viel später mußte ich oft weinen. Dann hieß es:

## Liebe Kinder!

„Jetzt brauchst du doch nicht mehr zu weinen. Das ist doch schon so lange her." Aber Trauer kennt keine Zeit.

Meine Großmutter wurde da begraben, wo sie geboren war. Also fuhren wir aufs Land. Viele Menschen waren gekommen, um an der Beerdigung teilzunehmen. Ich ging nicht mit auf den Friedhof, denn Kinder nahm man früher meist zu so etwas nicht mit. Was all diese schwarzgekleideten Menschen auf dem Friedhof machten, wußte ich nicht. Das war mir unheimlich. Wenn ich fragte, dann hieß es: „Ach, damit brauchst du dich jetzt noch nicht beschäftigen." Aber ich beschäftigte mich immerzu damit.

Zum Glück gab es aber noch meine Großtante Amalie. Sie wohnte noch da, wo meine Großmutter auch gewohnt hatte, als sie jung war. Tante Amalie erklärte mir zwar auch nichts, aber sie nahm mich bei der Hand und ließ mich beinahe den ganzen Tag nicht mehr los. Während die anderen in der Kirche und auf dem Friedhof waren, stieg sie mit mir zum Taubenschlag hinauf und zeigte mir die eben geschlüpften Täubchen. Sie ging mit mir in den Garten und zeigte mir die frisch erblühten Krokusse und Narzissen. Darum weiß ich, daß damals Frühling war.

Und dann schenkte sie mir ein Spiel. Es waren bunte Glasstücke, die wie Edelsteine geschliffen waren. Mit denen konnte man Muster und Bilder legen, auf einer Unterlage mit kleinen Mulden drin. Das war etwas ganz Wunderbares. Und ich denke noch heute, was für eine großartige Idee es war, einem Kind zur Beerdigung seiner Großmutter etwas so Schönes zu schenken.

Seither ist das Ende des Lebens für mich mit leuchtenden Farben verbunden, wie Glasperlen, wie Kirchenfenster oder die Farben des Abendhimmels, in dem unsere Herzen die Gestorbenen vermuten.

## Liebe Kinder!

Das alles weiß ich noch genau, obwohl ich jetzt schon selbst eine Großmutter bin. Darum versuche ich, Kindern alles zu erzählen, was sie über den Tod, die Traurigkeit, das Sterben und das Leben wissen wollen. Denn ich weiß, daß man dann nicht mehr so viel Angst vor dem „Unheimlichen" haben muß.

Wenn ein Tier stirbt, haben Eltern meist Zeit, den Kindern alles zu erklären. Aber wenn jemand von der Familie stirbt, sind Eltern selbst oft so traurig, daß sie sich nicht auch noch um die Fragen und Sorgen der Kinder kümmern können. Darum ist es gut, wenn noch jemand anderes da ist, so wie meine Großtante Amalie. An so jemanden kann man sich dann gut wenden oder auch an die Erzieherin oder den Lehrer. Niemand ist zu jung oder zu alt, um über so wichtige Dinge wie Sterben und Geborenwerden reden zu können. Manchmal will man auch nur auf den Schoß oder an der Hand genommen werden.

Das weiß ich noch von damals, und das wollte ich Euch sagen, ehe Ihr die eine oder andere Geschichte aus diesem Buch lest oder Euch vorlesen laßt. Denn das ganze Buch auf einmal zu lesen, das wäre zu viel.

Eure Linde

# Pflanzen und Tiere

## Die Hyazinthe

Der kleine Moritz, der von Rohracker, ging einmal zu seiner Oma in die Stube und sah ihr eine Weile beim Bügeln zu.

„Du Oma", sagte er schließlich. „Kann man Blumen auch begraben?"

„Eigentlich braucht's das nicht", sagte die Oma. „Die begraben sich selbst. Wenn die Pflanzen im Herbst verwelken, dann fallen sie runter und werden zu Humus."

„Was ist Humus?" fragte Moritz.

„Humus, das ist die schöne, schwarze Gartenerde."

„Wenn aber nicht Herbst ist?" fragte Moritz weiter.

„Ha, dann...", sagte die Oma und wußte eigentlich nicht mehr, worum es ging. Schließlich erzählte Moritz, daß er vergessen hatte, seine Hyazinthe zu gießen.

„Und jetzt ist die Erde im Blumentopf knochentrocken und die Hyazinthe hängt runter auf den Tisch und ist mausetot."

„Das ist schade, sagte die Oma. „Dann solltest du sie vielleicht doch im Garten begraben."

„Kann ich deine Keksdose nehmen, als Sarg?" fragte Moritz.

„Auf keinen Fall!" rief die Oma. „Erstens ist sie noch von meinem Seligen, und außerdem verrottet sie nicht." Mit „verrotten" meinte die Oma: zu Humus werden.

„Nimm ein schönes Seidenpapier. Da oben steht die Schachtel."

Oma strich nämlich alleweil das Geschenkpapier glatt und verwahrte es in einem Karton. Moritz fand eins von Weihnachten, mit Sternchen drauf.

„Und stell auch die Schachtel wieder weg, sei so gut."

Moritz wickelte seine Hyazinthe in das Papier: Blüte, Blätter, , Zwiebel, Wurzeln und alles. Dann hackte er ein Loch in der Ecke des Rasens, legte das Bündel hinein und deckte alles gut zu.

„Entschuldige Hyazinthe, daß ich vergessen hab', dich zu gießen. Kehre jetzt heim zu deinem Hyazinthen-Clan." (Er hatte gehört, daß die Indianer das so machten): „Kehre heim zu deinem Hyazinthen-Clan und sage, daß es mir leid tut und daß ich es nächstes Mal besser machen werde. Hm hm hhm hhm hm hm", summte er noch ein Hyazinthenlied hinterher. Danach fühlte er sich irgendwie besser und hatte kein schlechtes Gewissen mehr.

Im nächsten Jahr, so März oder April, geschah ein Wunder.

„Oma, Oma", schrie Moritz aufgeregt und außer Atem. „Die Hyazinthe ist wiedergekommen. Genau an der Stelle, wo ich sie begraben hab, da steht sie."

Er zerrte seine Oma hinaus in den Garten. Und tatsächlich: da hatte die Hyazinthe ihre langen, geraden Blätter aus dem Gras gestreckt und blüte in voller Pracht, blau und schön.

Die Oma schaute die Hyazinthe und dann ihren Enkel an, mit ihren lieben, lustigen Omaaugen.

„So ist's recht!" sagte sie.

*Pflanzen und Tiere*

# Da war es auf einmal so still

Jens war zwölf Jahres alt, als er eines Tages durch den Park ging. Da sah er unter einer großen Platane etwas Kleines, das sich bewegte. Zuerst dachte er, daß es eine Maus war. Aber als er näher hinsah, war es ein kleines Eichhörnchen. Aus dem Nest gefallen!

Jens nahm es in die Hand. Es fühlte sich so weich und zart an. Es brauchte Hilfe. Da nahm Jens das Tierchen mit nach Hause, obwohl er gar nicht wußte, was er damit machen sollte.

„Ach du liebe Zeit", rief seine Mutter. „Schon wieder ein Baby!"

„Was soll ich ihm denn zu essen geben?" fragte Jens.

„Zu essen? Siehst du da in seinem Mäulchen irgendwo Zähne? Babys trinken Milch. Aber wo kriegen wir jetzt Eichhörnchenmilch her?"

Jens schaute verdutzt.

„War ja nur Spaß", sagte die Mutter. „Halbmilch kriegen Babys. Halb Milch, halb Wasser und ein bißchen Traubenzucker. Nu mach mal."

Jens wärmte ein bißchen Wasser und Milch. Lauwarm mußte es sein. Aber wie das dem Eichhörnchen einflößen?

„Tunk mal deinen Finger in die Milch und laß es lecken! Siehst du, das macht es. Und jetzt halt den Finger neben das Milchtellerchen, damit es merkt, wo die Milch herkommt."

Das Eichhörnchen schaute jetzt vergnügt aus seinen schwarzen Äuglein.

„Es braucht auch ein Nest", sagte die Mutter.

Jens holte einen alten Schuhkarton, und Mutter legte weiche Wollstoffreste hinein. Das kleine Eichhörnchen kringelte sich zusammen und schob seinen Schwanz über die Augen. Es wollte schlafen.

Jens stellte den Schuhkarton neben sein Bett und seinen Wecker auf vier Stunden später, denn das Baby mußte dauernd gefüttert werden.

„Hast du dir das auch gut überlegt?" fragte die Mutter. Sie kannte doch ihren Pappenheimer. Zu einem solchen Pappenheimer kann man auch Schludrie sagen.

Aber diesmal gabs nichts zu überlegen. Das Eichhörnchen war in Jens Leben gefallen, und da machte es sich jetzt breit. Jens hatte es aufgehoben und damit eine wichtige Rolle übernommen. Er fütterte es regelmäßig, und es bekam Zähne. Da gab er ihm Körner und Nüsse und Tannenzapfen.

Sein großer Bruder kam und baute ihm einen Käfig, der eine ganze Ecke des Kinderzimmers einnahm, mit einem Ast zum Klettern und Laub, um sich darin zu verstecken. Wenn Jens von der Schule kam, ließ er das Eichhörnchen aus dem Käfig und in der Wohnung herumspringen.

Er konnte ebenso keckern wie das Eichhörnchen, und wenn er ihm pfiff, dann kam es und ging in sein Nest. Morgens stand es mit ihm auf und rannte im Käfig herum. Wenn es seine Schritte hörte, wartete es schon ungeduldig am Käfigtürchen. Es verband die beiden lange eine innige Freundschaft.

Eines Tages kam Jens erst abends nach Hause. Er wunderte sich, daß das Eichhörnchen nicht auf ihn gewartet hatte, sondern schon im Laub lag und schlief. Am nächsten Morgen tobte es auch nicht herum wie gewöhnlich. Es lag immer noch so da wie am Abend vorher, ins Laub gekuschelt.

Da war es auf einmal so still. Jens kriegte einen großen Schreck und rannte zu seiner Mutter.

Die Mutter kam ins Kinderzimmer und nahm das Eichhörnchen aus dem Käfig. Es war kalt und ganz steif. Aber es sah wunderschön aus, so süß, wie schlafend.

Jens weinte und holte den Schuhkarton, der das erste Nest vom Tierbaby gewesen war. Da legte die Mutter das Eichhörnchen hinein. So wurde die Wiege zum Sarg.

Dann mußte Jens in die Schule. Und den ganzen Vormittag war er traurig und hatte auch ein schlechtes Gewissen, weil er dachte, daß es vielleicht seine Schuld war, daß das Eichhörnchen hatte sterben müssen.

Am Nachmittag brachte er seinen Freund mit, zur Beerdigung. Sie legten Nüsse, Zweige und Blumen zu dem Eichhörnchen in den Schuhkarton und eine Garnrolle, mit der es immer so gerne gespielt hatte. Dann machten sie im Garten ein Grab, stellten den Schuhkarton hinein und häuften einen Berg Erde darüber. Ein großer Stein kam auf das Grab und ein Kreuz, auf dem stand „Eichhörnchen". Zum Schluß machten sie noch einen kleinen Weg durch das Gras zum nächsten Baum, nur so zum Spaß, damit der Geist vom Eichhörnchen da hinaufklettern konnte, wenn er Lust hatte. Der Freund hatte seine Fiedel mitgebracht und fiedelte dem Eichhörnchen ein Lied zum Abschied. Oben auf dem Baum saß eine Amsel, die sang mit.

Die beiden Freunde gingen ins Haus und malten eine schöne Totenanzeige, so wie sich das gehörte.

Aber dann spielten sie noch eine Runde Kanaster, denn man konnte ja nicht den ganzen Tag nur traurig sein.

Von dem Käfig, den Eßnäpfchen und dem Nest konnte Jens sich lange Zeit nicht trennen. Und lange Zeit wartete er morgens noch auf die Geräusche des Eichhörnchens. Aber sie kamen nicht mehr. Die Stille und Einsamkeit in seinem Zimmer machte ihn traurig und mißmutig.

Schließlich sagte seine Mutter, daß er jetzt alles wegräumen müsse, weil das Eichhörnchen ganz bestimmt nicht mehr wiederkäme und weil er sonst immerzu mit einem Phantom lebe, statt mit richtigen Personen. „Das Eichhörnchen, wo immer es sich jetzt herumtreibt, will ja nicht, daß du immer traurig wirst, wenn du an es denkst. Es will ja, daß du so lustig bist, wie ihr es zusammen wart. Eichhörnchen leben nun mal nicht ewig. Und keinesfalls so lange wie Menschen. Aber kommt es auf die Länge an?"

„Hätte ich das Eichhörnchen nicht gefunden, dann wäre ich vielleicht heute noch glücklich. Aber wenn es nicht in mein Leben gefallen wäre, dann wüßte ich gar nicht, was Liebe ist", sagte Jens, und Mutter fand das sehr weise. Sie freute sich, daß Jens nicht mehr glaubte, er sei Schuld am Tod des Eichhörnchens gewesen.

Jetzt sind schon ein paar Monate vergangen, und Jens überlegt sich, ob er den Käfig für zwei Kanarienvögel umbauen will.

## Wo ist denn mein Vogel?

„Wo ist denn mein Vogel?" fragte Jimmy, als er vom Kindergarten nach Hause kam und seinen Käfig leer vorfand.
„Der, der ist in den Himmel geflogen", sagte Mutter zögernd.
„Hat denn jemand die Tür offen gelassen?" fragte Jimmy.
„Nein."
„Wie kann er denn dann rausfliegen?" Jimmy verstand das nicht.
„Ja, weißt du, seine Seele ist in den Himmel geflogen."
„Was soll denn das sein?" Jimmy wurde jetzt ernstlich böse.
„Alle Tiere und auch Menschen haben doch einen Körper und

eine Seele", begann Mutter zu erklären. Aber sie kam nicht weit, denn Jimmy fragte sofort:

„Also, wo ist dann der Körper?"

Mutter fühlte sich irgendwie ertappt.

„Also, weißt du, das ist so. Als seine Seele in den Himmel geflogen war, da, da habe ich seinen Körper aus dem Käfig genommen und weggetan."

„Wie, weggetan?"

„Na, ich habe ihn in ein Kästchen und dann, dann in den Müll getan. Und das war auch nicht leicht für mich", rief Mutter etwas zu laut. Jimmy sah sie verwundert an.

„Mein Vogel war also tot, und du hast ihn einfach weggeschmissen?"

„Nur seinen Körper", sagte Mutter, und es tat ihr jetzt sichtlich leid.

Jimmy sagte nichts mehr. Er ging in den Garten hinaus und setzte sich auf seinen Lieblingsbaum. Lange saß er da. Viel zu lange, fand Mutter.

Als Vater nach Hause kam, saß er immer noch da.

Vater kam zu ihm in den Garten und setzte sich unter den Baum.

Leise fing er an zu reden:

„Es ist gut, eine Weile allein zu sein, wenn man traurig ist. Da sind dann so viele Gefühle im Bauch und im Herzen. Wut und Schmerz und Angst und Vorwürfe und Nichtverstehen und Mitleid und einfach nur Traurigkeit. Das ist ziemlich viel, was da in einem ist. Und wenn man das nicht sortiert, dann überrumpelt es einen. Wie eine Sturzflut überrumpelt es einen oder wie ein Gewitter oder wie ein Erdrutsch oder wie ein Häuserzusammenbruch. Da kann einer leicht zu Schaden kommen. Darum braucht man Zeit für sich allein, um alles zu sortieren. Und wenn man es sortiert hat, bleibt nur noch die Traurigkeit übrig. Und die kann man dann rausweinen."

Vater schwieg. Nach einer Weile hörte er es im Baum schluchzen.

Da stieg er hinauf und trug seinen kleinen Jimmy hinunter.

Er trug ihn ins Haus. Und da war Mutter und hatte eine warme Honigmilch gemacht.

„Entschuldige Jimmy", sagte sie. „Ich wollte nur etwas Gutes für dich tun und dich vor Schmerz bewahren. Aber es war falsch."

Jimmy setzte sich auf ihren Schoß.

„Ich hätte ihn wenigstens so gerne begraben", sagte er.

Vater schlug vor, ein Bild zu malen, ein Bild von der Vogelseele. Er holte Papier und Buntstifte.

„Menschenseelen sehen auf Bildern fast wie Vögel aus", sagte Jimmy. „Wie sollen denn dann Vogelseelen aussehen?"

Schließlich malte er einen großen Vogel mit Menschengesicht. Mutter holte einen alten, goldenen Bilderrahmen. Da taten sie das Bild hinein und hängten es an die Wand. Es sah feierlich aus.

„Das ist beinahe noch besser, wie begraben", sagte Jimmy.

Da war Mutter froh.

Danach gingen sie alle drei auf die Veranda, und Vater zeigte Jimmy einen ganz kleinen Stern, der über dem Sternbild des großen Bären stand.

„Da wohnt dein Vogel jetzt", sagte er.

„Wirklich?" fragte Jimmy.

„Wir können es uns doch einfach mal vorstellen. Das ist dann genauso schön, wie dein Bild."

Als Jimmy schon ein großer Mann war, sah er noch manchmal nachts zu dem kleinen Stern hinauf und dachte an seinen Vogel, an seinen Vater und an seine Mutter.

# Geschwister

## Ich hab dir einen Tag gesammelt

Manchmal geht das Leben so dahin, man weiß gar nicht wie. Man denkt nicht ans Ende des Lebens. Darum scheint es unendlich.
  Dann aber gibt es Menschen, deren Tage sind gezählt. Das heißt, jeder weiß, daß sie nicht mehr lange zu leben haben, weil sie krank sind. Jeder Tag scheint ganz kostbar zu sein. Aber Tage im Bett, sind die kostbar?

Onkel Micha, dem ging es so. Bis vor kurzem noch war er sonntags immer mit Marie und deren Eltern im Wald umhergestreift und am Bärenfelsen geklettert. Aber jetzt lag er im Bett und sah manchmal gar nicht mehr wie er selber aus, fand Marie.
  Onkel Micha war Mutters jüngerer Bruder, aber eigentlich noch ein Kind, ein Jugendlicher. Marie hatte ihn sehr gern. Es gefiel ihr gar nicht, daß sie jetzt sonntags ohne ihn wandern mußte, daß sie all die schönen Dinge sah und erlebte und er nicht. Aber es hätte ja auch nichts geholfen, wenn sie nur an seinem Bett gesessen hätte. Dann hätten sie ja beide nichts vom Wald gesehen. Das sagte jedenfalls Onkel Micha, und darum ging Marie jetzt nur mit Mutter und Vater zum Bärenfelsen. Aber eines Tages war ihr dabei etwas eingefallen.

An diesem Abend stürmte sie mit ihrem kleinen Rucksack ins Zimmer und rief: „Micha, wir sind wieder da und …"

Aber die Mutter unterbrach sie: „Wie geht's dir, Micha? Jetzt waren wir aber lang weg, nicht wahr?"

„Ziemlich", sagte Micha.

„Hast du dich sehr gelangweilt?"

„Schon", sagte Micha.

„Wir überhaupt nicht", rief Marie.

„Hast du denn Schmerzen?" wollte der Vater wissen.

„Nein, das nicht ... bloß ... ein Tag ist eben wieder futsch."

„Gar nicht, Micha. Ich hab ihn dir doch mitgebracht", rief Marie.

„Wen?" fragte Micha.

„Na, den Tag", rief Marie fröhlich und schüttete ihren kleinen Rucksack aus. „Ich hab ihn dir gesammelt."

Zum Vorschein kamen eine leere Bonbontüte, eine Schraube mit Mutter, eine Haselnuß, ein Haselzweig, Tannenzapfen, ein Stück Rinde, drei Steine, eine Feder, ein Bierdeckel und ein Zuckerstückchen.

„Was ist denn das?" fragte Micha und nahm die Schraube in die Hand.

„Siehste doch. Eine Schraube vom Auto. Aber die kommt jetzt noch nicht." Marie nahm ihm die Schraube wieder ab.

„Zuerst kommt nämlich die Bonbontüte", sagte die Mutter und strich sie unwillkürlich glatt.

Vater rückte den Tisch ans Bett, und alle drei fingen an, die kleinen Dinge aus dem Rucksack zu ordnen und zu bereden.

„Das Rindenstück und die abgeknabberten Tannenzapfen. Ach nein, zuerst die Zapfen und dann die Rinde. Dann aber die drei Steine. Ja.

Und hier die Feder und, und der Bierdeckel und das Zückerle."

Beim Wort „Zückerle" mußten alle drei lachen, und Micha fragte:

„Warum müssen die Sachen eigentlich geordnet sein?"

„Weil das der Tageslauf ist, der heutige Tag. Den hat Marie dir mitgebracht."

„Mein Tag ist nicht gelaufen, der hat stillgestanden", sagte Micha traurig.

„Aber nur bis jetzt", rief Marie. „Und nu pass mal auf!"

Sie blies die Bonbontüte auf und ließ sie knallen.

„Diese Tüte will dir sagen, wieviel Bonbons wir im Auto gelutscht haben. Und jetzt kommt die Schraube. Da waren wir nämlich platt."

„Ihr wart platt?"

„Ja, wir hatten einen Platten, und Mama mußte den Reifen wechseln. Davon ist die Schraube ein Zeichen."

„Aber ihr werdet doch nicht bloß mit drei Schrauben am Rad weitergefahren sein?"

„Nein, nein, Micha. Keine Sorge. Die hier lag im Kofferraum. Marie hat sie bloß zur Erinnerung eingepackt", sagte die Mutter.

Marie hatte nun die Haselnuß zur Hand genommen.

„Als wir dann geparkt haben und in den Wald gegangen sind – du weißt schon wo –, da hab ich die Haselnuß gefunden. Und Papa hat gesagt, die kommt vom Haselweibchen."

„Was ist denn ein Haselweibchen?" fragte Micha.

Der Vater nahm den Haselzweig. „Siehst du hier die roten Puschel? Das sind die Haselweibchen."

„Und die Haselkätzchen sind die Männer und die Haselnuß ist ihr Kind."

Jetzt mußte Micha lachen. „Wie geht denn das?"

Der Vater holte gerade Luft, aber Marie rief: „Bitte Papa, erklär jetzt nicht wieder alles lang und breit. Weißt du Micha, sonst wird das wie mit den Tannenzapfen." Marie gab ihm einen in die Hand. „Da hat Papa auch angefangen und gesagt, daß diese Zapfen von den Rottannen sind und nicht von Weißtannen. Wo doch jeder weiß, daß Tannen immer grün sind."

„Ich meinte doch das Holz, Mariechen. Das Holz ist mal weißlich und mal rötlich. Und …"

„Und dann waren wir jedenfalls in unserm Tannenwäldchen, weißt du Micha. Und du wirst sicher erraten, wen wir da getroffen haben." Micha schaute auf den abgeknabberten Zapfen und sagte: „Natürlich. Das war das Eichhörnchen."

„Und woher ist die Rinde hier?" fragte Marie gespannt.

„Von einem Baum, von einem Baum. Aber von welchem?" Micha mußte überlegen. Aber Marie hielt es nicht aus und rief:

„Von dem, der über dem Bach liegt. Und du, Micha, heute habe ich's geschafft. Heute bin ich ganz allein rübergelaufen."

Das fand Micha natürlich bewundernswert. Er sah es richtig vor sich, das kleine Mädchen, das da leichtfüßig über den Bach balancierte und lachte.

„Jetzt kommen die Steine aus dem Bach. Da war nämlich noch was Komisches." Marie spuckte auf einen Stein. „Man muß sie naß machen. Dann glänzen sie so schön, wie im Wasser."

„Als Marie die Steine holen wollte, hatte ich Angst und schrie: ‚Fall bloß nicht rein!'" sagte die Mutter und lachte schon im voraus, denn es zeigte sich, daß sie dann selbst reingefallen war oder wenigstens reingetreten. Und dann hatte sie ganz nasse Füße, und der Vater hatte ihr einen von seinen Socken geliehen. Warum nicht beide, wurde jetzt diskutiert. Aber Marie rief:

„Jetzt kommt die Feder. Du rätst es nie! Die ist nämlich von der Weihgabel."

„Gabelweihe heißt der Vogel", sagte der Vater. „Jetzt waren wir schon auf dem freien Feld vor dem Kletterfelsen, weißt du.

Und da kreiste diese wunderbare – also jetzt wollte ich auch schon Weihgabel sagen – aber sie heißt Gabelweihe. Gabelweihe. Einer von unseren einheimischen Raubvögeln. Mit gegabeltem Schwanz ..."

Micha hatte sie oft fliegen sehen, ruhig und elegant. Wenn man eine Weile hinsah, meinte man selbst, dieses Körpergefühl zu haben, leicht, schwebend und doch sicher. Micha strich über die braungemusterte Feder. Das Vogelgefühl war auch jetzt in seinem Körper.

„Geklettert sind wir aber diesmal nicht", sagte Marie mit einem Anflug von Trauer. „Du hast uns gefehlt."

„Dafür sind wir dann gleich ins Gasthaus gegangen", sagte die Mutter und schwenkte den Bierdeckel. Darauf stand „Goldbräu in der Tannenschenke". Und augenblicklich hatte Micha den frischen, kühlen Biergeschmack im Mund. Sein Mund erinnerte sich an die Tannenschenke.

Marie nahm das Zuckerstück, und da fingen alle an zu lachen. Micha lachte zögend mit, weil er ja noch nicht wußte, was da Komisches passiert war.

„Da war nämlich", Marie konnte kaum sprechen vor lachen.

„Da war nämlich so ein Mann, der hat immerzu Kaffee getrunken. Und jedesmal, wenn die Bedienung ihm eine Tasse gebracht hat, du weißt schon, mit so 'nem Zuckerstückchen und Milchdöschen, dann hat er gesagt:

‚Etz hams mer scho wieder so a Zückerle gebn. I will an anständigen Zucker!'

Und siehst du, das ist jetzt so ein ‚Zückerle'."

„Auf dem Tisch festkleben und vergolden müßte man die Sachen", sagte Micha und schaute gerührt auf das kleine Sammelsurium.

Es waren eigentlich nicht die Dinge, die er betrachtete, sondern die Bedeutung der Dinge in ihrem Wandel. Das Abbild der Dinge, das wiederum ein Bild vom Leben in ihm entstehen ließ.

In seinem Innern zogen viele, viele andere schöne Tage vorbei, die er mit Schwester und Schwager und mit der kleinen Marie erlebt hatte. Betrachtete er jeden dieser Tage, so war es eine lange, goldene Kette.

„Ich danke euch", sagte er, müde und zufrieden.

# Die unsichtbare Idee

Janis wohnte auf der Insel, die den schönsten Marmor der Welt hervorgebracht hat. Sie gehört zu den Kykladen, Inseln in der heißen Sonne Griechenlands. Milos, Kimolos, Naxos, Delos, Mykonos heißen sie. Und eben Paros, wo Janis und der schneeweiße Marmor zu Hause sind.

Allabendlich ist das Ägäische Meer damit beschäftigt, die Fischerboote in den Hafen zu schieben, eins nach dem anderen. Mal hat es ihnen zu einem guten Fang verholfen, mal ließ es sie leer ausgehen. Keiner weiß warum.

Allabendlich ging auch Janis mit seiner Mama hinunter zum Hafen von Naousa, um frischen Fisch zu holen und die heimkehrenden Fischer zu begrüßen. Einer davon war sein Vater.

Eines Tages hatte ihm sein Vater erzählt, daß er bald ein Geschwisterchen bekommen werde, das jetzt noch im Bauch seiner Mama sei. Darüber staunte Janis nicht schlecht. In seinem fünfjährigen Leben hatte er sich noch nie Gedanken darüber gemacht, woher die Menschen kamen. Ihm schienen alle schon immer dagewesen zu sein, die Erwachsenen groß und die Kinder klein.

Jetzt lief er zu seiner Mama und legte seinen Kopf an ihren Bauch. Der war ein klein wenig runder als sonst. „Hallo Geschwister!" rief er. Aber es kam keine Antwort. Es war nichts zu hören. Janis stellte sich vor, daß jetzt eine kleine Puppenstubenpuppe da drinnen wohnte, die nur noch wachsen mußte. Aber seine Mama lachte und sagte: „Es sieht noch gar nicht wie ein Mensch aus. Es muß erst einer werden."

Einmal nahm Janis' Vater ihn mit nach Marathi in den alten Marmorsteinbruch. Sie zündeten sich eine Laterne an und stiegen tief in die Erde. Lange wanderten sie durch die dunkle Stille. Ab und zu glänzten alte Bruchstellen des Marmors. Wenn sein Vater nicht dabei gewesen wäre, dann hätte Janis sich gefürchtet, und er war froh, daß sie schließlich wieder Licht sahen. An einer ganz anderen Stelle kamen sie aus der Erde heraus.

Janis wunderte sich, wie die Menschen aus der schwarzen Erde so viel schneeweißen Marmor hatten holen können, den sie dann mit Schiffen in alle Welt schickten, um Kirchen und Paläste daraus zu bauen. Aber das war auch schon lange her.

Auf verschiedenen Plätzen und Märkten, auf Hügeln und in alten Klöstern standen Marmorsäulen und Marmormenschen. Weil auch sie schon immer da waren, hatte Janis sich nie überlegt, daß sie jemand gemacht haben mußte.

Eines Tages, als er im alten Klosterhof spielte, hörte er ein Klopfen. Und als er dem Klopfen nachging, sah er einen Steinmetz bei der Arbeit. Der klopfte mit Hammer und Meißel an dem Sockel einer Figur, die er gerade fertig gemacht hatte. Es war ein kleiner Junge mit einer Gans unterm Arm. Janis staunte. Der Junge und die Gans sahen wie lebend aus, weich und fast atmend.

"Wie hast du das gemacht?" fragte er.

"Ich habe ihn aus dem Marmorblock herausgehauen", antwortete der Steinmetz.

Janis staunte noch mehr.

"Woher wußtest du denn, daß er da drin war?" fragte er.

Zuerst lachte der Steinmetz. Aber dann sagte er nachdenklich: "Das hat mich noch niemand gefragt. Weißt du, das ist so: Dieser Junge saß im Stein. Er war eine Idee, die ich nur mit meinem inneren Auge sehen konnte. Dann habe ich ihm seine Gestalt gegeben. Und nun kann man ihn auch mit den äußeren Augen sehen."

Der Steinmetz schenkte Janis ein Stück Marmor, rosig schimmernd und so groß wie seine Faust. Janis nahm das Stück mit auf den Heimweg und überlegte, wer da wohl drinsäße und auf seine Gestalt wartete.

Als er zu Hause ankam, weinte seine Mama, und sein Vater sagte, daß er nun doch kein Geschwisterchen bekommen werde.

"Aber warum denn nicht?" rief Janis enttäuscht. Er hatte zwar nicht viel an sein Geschwisterchen gedacht, aber doch fest damit gerechnet. Sein Vater versuchte es ihm zu erklären.

"Es war eben so, daß es nicht gewachsen ist. Darum kann es auch nicht geboren werden. Verstehst du das?"

Janis lief zu seiner Mama. Sie war weiß wie Marmor, und die Tränen liefen wie zwei Bäche aus ihren Augen. Janis tat das Herz weh. Er drehte und wendete das Stück Marmor in seinen Händen. Hin und her, hin und her.

"Weine nicht", wollte er sagen. "Das ist wie mit den Figuren im Marmor. Das Geschwisterchen ist eine Idee, die man nur mit dem inneren Auge sehen kann. Es hat keine Gestalt bekommen. Darum können wir es nicht mit unseren äußeren Augen sehen. Aber eine Idee ist es immer noch. Die bleibt."

Das alles wollte Janis seiner Mama sagen. Aber er konnte es nicht. Er drehte und drehte den Marmorstein in seinen Händen und schließlich legte er ihn der Mama auf den Schoß und flüsterte: „Den schenk ich dir."

Die Mama sah eine Weile den Stein an. Dann sah sie eine Weile auf die kleinen Hände ihres Sohnes. Dann sah sie ihm in die Augen. Und mit einem Mal lächelte sie, wischte sich die Tränen weg und stand auf. Sie trug den Marmorstein zur Kommode und gab ihm einen Ehrenplatz auf einem Spitzendeckchen.

Nach einigen Tagen nahm sie Janis bei der Hand, und die beiden gingen wie immer hinunter an den Hafen von Naousa, um frischen Fisch zu holen. Der Vater, der heute nicht aufs Meer hinaus gefahren war, sah ihnen nach und war nicht mehr ganz so traurig.

Sein Leben lang war Janis überzeugt, daß ihn seine Mama verstanden hatte, auch ohne Worte. Der Stein, der eine Idee beherbergte, blieb immer auf der Kommode liegen. Manchmal strich die Mama leise mit der Hand darüber.

Das Ägäische Meer ist weiter allabendlich damit beschäftigt, die Fischerboote in den Hafen zu schieben, eins nach dem anderen. Mal hat es ihnen zu einem guten Fang verholfen, mal ließ es sie leer ausgehen. Keiner weiß warum.

# Deine Tränen auf meinen Wangen

„Warum bist du denn noch nicht im Bett?" fragte mich mein Bruder. „Alle anderen schlafen schon."

„Es sind so viele Gäste im Haus, und kein Bett ist mehr frei", sagte ich und fror ein wenig in meinem Nachthemd.

„Dann werde ich dir ein Bett machen", sagte mein Bruder und nahm mich auf den Arm, wie er es schon immer getan hatte, wenn die Erwachsenen keine Zeit für mich hatten. Er trug mich in eine Kammer im alten Teil unseres Hauses. Ich konnte mich gar nicht erinnern, daß wir so einen Raum hatten. Mein Bruder setzte mich ab und bückte sich zu seinem Werkzeugkasten, denn er wollte das alte Bett reparieren. Da sah ich, wie sich hinter seinem Rücken, tief gebückt ein schwarzgekleideter Mann ins Zimmer schlich. Er rauchte eine Zigarre und sah wie der Räuber in meinem Bilderbuch aus.

Ich war vor Schreck wie erstarrt und wagte nicht zu sprechen. Ängstlich zupfte ich meinen Bruder am Ärmel. Der schien den Fremden aber schon gespürt zu haben.

„Dies ist mein Haus. Verlassen Sie sofort diesen Raum", sagte er streng.

Aber der Fremde hatte sich jetzt aufrecht vor ihn hingestellt, und auch mein Bruder richtete sich auf. Er sah dem Schwarzgekleideten direkt ins Gesicht. Und da verwandelte sich dessen Gesicht und wurde hell und schön. Mein Bruder lachte. Dann sagte er zu mir:

„Ach, der ist es. Den kenne ich schon lange."

Dann hob er mich auf, um mich ins Bett zu legen, und ich fühlte die Wärme und Geborgenheit, die seine brüderliche Stärke immer für mich ausstrahlte.

Der Schwarzgekleidete kam näher und küßte mich zum Abschied. Er hatte geweint, und ich fühlte seine Tränen auf meinen Wangen. Das war ein eigenartiges Gefühl. Während er mich küßte, berührte er auch meinen Bruder. Da wurde der durchsichtig und wie Luft, bis er schließlich ganz verschwand. Während ich mich noch darüber wunderte, wie mein Bruder mich auf dem Arm halten und gleichzeitig unsichtbar sein konnte, wachte ich auf und fand mich wie gewöhnlich im Kinderzimmer. Was für ein eigenartiger Traum war das!

Noch ganz verwirrt öffnete ich meine Tür und sah die Treppe hinunter. Das Haus war voll gedämpfter Geräusche. Die meisten Gäste waren schon für die Beerdigung gekleidet, spachen leise und halfen hier und da mit den Vorbereitungen. Viele Blumenkränze wurden abgegeben. Großmutter deckte im großen Zimmer den Tisch für die Trauerfeier. Das Bild meines Bruders stand groß zwischen weißen Rosen gegenüber der Tür. Er lachte aus dem schwarzen Bilderrahmen heraus, genau wie er im Traum gelacht hatte, und das war ein merkwürdiger Gegensatz zu all der Traurigkeit ringsum.
Alle Menschen gingen leise, wie auf Zehenspitzen, obwohl doch niemand schlief. Viele weinten.

Dann kam meine Mutter in mein Zimmer und zog mir ein schwarzes Kleid mit weißen Blumen an. Sie küßte mich, und ich fühlte ihre Tränen auf meinen Wangen. Das war ein eigenartiges Gefühl und erinnerte mich an meinen Traum.
„Der Tod küßt *uns* zum Abschied, nicht ihn", sagte ich.
Für einige Augenblicke tauchte meine Mutter aus ihrem Schmerz auf und sah mich erstaunt und fragend an.
Aus meinem Traum wußte ich, daß der Tod die schwarzen Kleider und die Tränen für uns, die Abschiednehmenden, bereitet hatte, während mein Bruder leicht und lachend entschwand, nachdem er den Tod, der uns so fremd ist, als Freund erkannt hatte. Er ging in anderer Gestalt in eine neue, andere Welt.

Aber erst Jahre später konnte ich meiner Mutter den Traum erzählen, der mich mit Staunen, Zärtlichkeit und Trost erfüllt hatte. Ich weiß nicht, ob sie mich überhaupt verstand.

# Das Heublumenbad

Die kleine Hannah hatte ihre Eltern fünf schöne Jahre lang für sich allein. Dann wurde Harry geboren, und das Elend nahm seinen Lauf. Harry war immer im Mittelpunkt und immer im Recht.
Er war ein kleines, süßes, hilfloses Jungensbaby, das alle Aufmerksamkeit und alle Liebe auf sich zog. Hannah mußte das einsehen. Hannah mußte sich über ihr Brüderchen freuen und sich selbst nicht mehr so wichtig nehmen. Hannah mußte zurückstehen. Und wenn sie überhaupt noch was von dem warmen Liebesstrom abbekommen wollte, der von den Eltern zu Harry floß, dann mußte sie sich dazwischen stellen und mütterlich um Harry kümmern.
„Schön machst du das. Wie eine richtige kleine Mutti."
Aber Hannah wollte keine Mutti sein, sie wollte das einzige Kind sein, das um seiner selbst willen geliebt und versorgt wird. Aber Harry, dieser kleine Teufel, dachte sich immer neue Sachen aus, um alle Aufmerksamkeit auf sich zu ziehen. Jetzt bekam er auch noch einen Magenpförtnerkrampf und mußte im Krankenhaus operiert werden. Jeder, der kam oder anrief, redete nur über Harry. Über Hannah redete niemand.

Ein Gutes hatte die Krankenhausgeschichte. Mutter mußte Harry jetzt nicht ununterbrochen versorgen und rumtragen. Darum hatte sie wieder mehr Zeit für Hannah. Sie redete mit ihr während der Hausarbeit und spielte sogar wieder mit in der Puppenstube. Auch wenn Mutter zwischendurch immer wieder von Harry redete, so genoß Hannah doch ihre Nähe.

Aber es kam, wie es kommen mußte, Harry schien wieder gesund. Er mußte vom Krankenhaus abgeholt werden. Zum letzten Mal saß Hannah allein mit ihren Eltern am Frühstückstisch. Mutter rückte die Dinge unruhig hin und her und ermahnte Vater und Tochter, doch schneller zu essen, damit sie losfahren konnten.

„Jetzt laß uns doch wenigstens in Ruhe essen. Auf die zehn Minuten kommt es doch auch nicht an", sagte Vater.

„Gehst du heute nicht zur Arbeit?" fragte Hannah, und der Vater erinnerte sie daran, daß ja Samstag war.

„Warum müssen wir uns dann so beeilen?"

„Wir müssen doch gleich Harry abholen", rief die Mutter.

„Ach so", sagte Hannah leise. „Das hab ich vergessen."

„Aber Hannah, so etwas kann man doch nicht vergessen!" Mutter war empört. Hannah wurde blaß und begann sich schlecht zu fühlen.

„Ne, das kann man wirklich nicht vergessen. Du redest ja die ganze Zeit davon", sagte Vater. Hannah sah mit Erstaunen, daß er ihr zuzwinkerte.

„Wundert dich das? Unser Harry war doch nun lange genug im Krankenhaus. Beeilt euch mal. Der kleine Kerl wartet doch sicher schon auf uns." Mutter stand auf und machte sich mit Geschenkpapier zu schaffen.

„Das ist aber ein schönes Papier." Hannah wollte Mutter etwas Freundliches sagen. „Was packst du denn ein?"

„Zwei Überraschungen, die ich zur Feier des Tages gekauft habe. Eine ist für Harry und eine …" Mutter machte ein Geheimnisgesicht. Hannah fühlte ganz deutlich, wie sie wieder zur Randfigur wurde. Und plötzlich mußte sie sich erbrechen. Sie rannte ins Badezimmer. Durch die offene Tür hörte sie die Eltern reden.

„Was hat sie denn auf einmal", fragte Mutter. Ihre Stimme klang ein bißchen ärgerlich.

„Angst hat sie, das sieht man doch", sagte Vater. Seine Stimme klang ein wenig vorwurfsvoll.

## Das Heublumenbad

„Wovor soll sie denn auf einmal Angst haben?" Jetzt klang Mutters Stimme abwehrend.

„Hannah hat Angst, daß du wieder nur für Harry da sein wirst und sie nicht lieb hast. Sie fragt ja nicht einmal, für wen das zweite Geschenk ist."

„Aber das ist doch klar, das das für sie ist." Jetzt klang Mutters Stimme bestürzt.

„Ja, das denkst du!" Vaters Stimme schien bitter zu klingen.

„Ich schau mal nach, was sie macht", rief Mutter jetzt, und Hannah krümmte sich in hilflosem Schmerz zusammen. Als Mutter reinkam, sagte sie ganz vernünftig:

„Am besten du bringst mich zu Oma. Die kann mir dann einen Kamillentee machen. Du hast ja jetzt sowieso keine Zeit mehr."

Mutter war wie vom Donner gerührt.

„Das kommt überhaupt nicht in Frage", sagte sie, wischte Hannah das Gesicht ab und nahm sie in die Arme. „Weißt du was? Ich mache dir ein ... Heublumenbad. Das beruhigt und ist gut gegen Bauchweh."

Hannah wünschte sich nichts sehnlicher als das. Aber sie sagte:

„Das geht ja nicht. Du mußt ja Harry abholen. Der wartet sicher schon auf dich."

Mutter bekam Tränen in die Augen. Dann sagte sie fest:

„Aber wenn es dir schlecht geht, dann bleibe ich doch bei dir! Papa kann Harry ja auch alleine abholen."

So kam es, daß Vater alleine ins Krankenhaus fuhr, während Mutter das Badewasser einließ. Sie kochte Heublumentee und schüttete ihn in die Wanne. Dann setzte sie Hannah hinein, die mit einem Gemisch von schlechtem Gewissen und unendlichem Glück den Kräuterduft einsog und die liebevolle Hand ihrer Mutter spürte.

„Wie macht man eigentlich Heublumentee", fragte sie, nur, um irgendwas zu sagen.

Die Mutter erzählte ihr von den Wiesenkräutern im Schwarzwald, die sie von der Kräuterfrau gekauft hatte. „Die Kräuterfrau, weißt du, die mit ihrer riesigen Kiepe von Haus zu Haus geht." Sie erzählte von der Bergwiese, auf die die Sonne scheint und all die heilenden Kräuterblumen wachsen läßt: die gelbe Arnika, die zartlila Küchenschelle mit ihrem Pelzchen auf dem Stengel, den blauen Bergenzian und die runde Trollblume. Ja, und auch die dunkelblaue Teufelskralle, denn ein bißchen Teufelszeug muß überall dabei sein.

Hannah hatte die Augen zugemacht. Sie sah die Wiese vor sich, bunt und schön. Sie roch die Kräuter und fühlte die Wärme. Und Mutters Stimme war da. Das alles war wie Weihnachten und Geburtstag zusammen, und Hannah wüschte, daß es nie vorüber ginge.

Aber die Wärme kühlt ab, und die Zeit vergeht. Mutter nahm Hannah aus dem Bad, rubbelte sie ab und machte ihr ein kleines Lager im Wohnzimmer.

„Jetzt können meine beiden Kleinen ja zusammen krank sein", sagte sie, und Hannah hatte ihre Mutter sehr lieb.

Dann kam Vater mit Harry nach Hause. Harry streckte seine Ärmchen nach Hannah aus, und sie konnte sich mit den Eltern freuen, daß er wieder zu Hause war.

„So ganz gesund ist er aber leider noch nicht", sagte Vater. Und da sah Hannah, wie Mutter den kleinen Harry mit einem Blick der tiefen Liebe ansah, einem Blick, den sie wohl nie von ihr bekommen würde. Und ihre kleine Seele gab sich Mühe, Harry diesen Blick zu gönnen.

Seit Hannah das Gespräch ihrer Eltern gehört hatte, und seit dem Heublumenbad fühlte sie sich besser; nicht mehr als Randfigur, sondern als eine andere Figur eben. Sie gab sich zufrieden mit einem Glück, das immer auch eine Sehnsucht offen ließ.

Mutter holte die Überraschungen, die in das schöne Knisterpapier eingewickelt waren. Eine für Harry und eine für Hannah. Denn Gerechtigkeit muß wirklich sein.

# Der kurze Besuch eines Engels

Es war Abend. Nanina saß in ihrem Bett und sah sich ein Märchenbuch an. Das Bett war ein Klappsofa und gehörte Oma.

Nanina war vier Wochen lang bei ihr zu Besuch.

Eben kam Oma herein und brachte den Schlaftrunk, einen Verveine-Tee. Nanina nahm den Becher und sagte: „Jetzt kommt Mama bald und holt mich ab."

„Woher weißt du das denn? Sie hat doch gar nicht angerufen."

Nanina verstand nicht, warum Oma so komisch fragte.

„Ich weiß es eben", sagte sie und schien eifrig das Märchenbuch zu betrachten.

Oma hatte ein feines Gespür für das, was wichtig war. „Ich möchte dir gerne eine Geschichte erzählen", sagte sie. Nanina sah ins Märchenbuch.

„Es war einmal ein Engel", begann Oma, „der wollte gerne ein Mensch werden. Aber er wollte auch wieder nicht. Er wollte so gerne zu den guten Menschen auf der Erde. Aber er wollte nicht den Krieg und all das Kaputte. Das gefiel ihm nicht so. Darum wollte er nicht. Dann wollte er wieder. Dann wieder nicht. Er konnte sich einfach nicht entscheiden."

„Da ging es ihm ja wie mir auch manchmal, wenn ich nicht weiß, was ich machen soll", sagte Nanina.

„Der Engel fragte andere Engel, was er machen solle. ‚Geh mal zu Besuch. Dann wirst du schon sehen', sagten die.

Als der nächste Regenbogen kam, ging also der Engel darauf zur Erde. Er ging zu Mama, weil die so nett ist. Es dauerte eine Weile. Es ist nämlich nicht leicht, ein Mensch zu werden. Als er dann endlich ein Mensch war, gefiel es ihm nicht. Er merkte, daß er kein richtiger Mensch werden konnte."

„Das ist doch aber schade", sagte Nanina. „Und Mama?"

„Mama gefiel er. Sie wollte ihn behalten, denn er sah so niedlich aus. Wie ein Engelchen eben. Sie hatte ganz vergessen, daß Besuch nie bleibt. Jeder weiß doch, daß Besuch kommt, mal länger mal kürzer bleibt und dann wieder geht. Der Engel blieb eine kleine Weile, und dann ging er wieder.

Da haben Papa und Mama geweint. Der kleine Engel sagte: ‚Weint doch nicht. Wenn ihr so viel weint, dann kann ich nicht mehr fliegen. Dann sind meine Flügel zu schwer.' Aber Papa und Mama mußten trotzdem weinen. Und damit du nicht auch weinst, darum bist du hier bei mir, damit ich dir alles erklären kann."

Nanina rührte in ihrem Tee.

„Haben sie jetzt aufgehört zu weinen?" fragte sie dann, und ihre Stimme war ganz klein.

„Ja", sagte Oma. „Jetzt haben sie verstanden, daß sie für kurze Zeit einen Engel zu Besuch hatten."

Nanina war ganz still geworden. Sie wunderte sich, woher Oma das alles wußte.

„Bin ich denn kein Engel gewesen?" fragte sie.

„Nein", sagte Oma mit ihrer warmen Stimme. „Du bist doch ein Menschenkind. Du gehörst auf die Erde. Aber Engel, weißt du, die kommen und gehen. Sie kommen oft, aber sie können nicht auf der Erde wohnen."

„Ich bin froh, daß du mir das alles erzählt hast", sagte Nanina.

Oma wußte nicht so ganz, was sie davon halten sollte. Sie nahm Nanina den Becher ab und legte das Märchenbuch auf den Tisch. Aber gerade, als sie Nanina noch einmal auf den Schoß nehmen wollte, hatte die sich schon in ihre Kissen gekuschelt und war zufrieden eingeschlafen.

Oma schrieb die Engelsgeschichte auf. Als Mama am nächsten Tag kam, um Nanina abzuholen, gab Oma ihr die Geschichte mit. Das war für Mama und Papa ein großer Trost, denn nun mußten sie nicht verstummen und nichts verheimlichen, sondern fanden Worte, um auch mit Nanina über alles reden zu können, was sie bewegte.

# Zwei Engel in meiner Brust

Nicolas war der Jüngste in seiner Familie, ein Weihnachtskind, das alle Herzen mit seinem Lächeln eroberte. Sanft und freundlich lebte er dahin, wie schwebend. Ihm schien das Glück versprochen und gegeben. Wo andere Kinder sich anstrengen und durch Mißerfolge durchkämpfen mußten, lernte und konnte er alles wie von selbst.

Aber in seinem fünften Lebensjahr wurde er krank. Bald war er so schwach, daß er nicht mehr aufstehen konnte. So lag er in der Weihnachtszeit oft zwischen seinen vier spielenden Geschwistern im Wohnzimmer.

*Geschwister*

„Ihr alle habt so lange ohne mich gelebt", sagte er eines Tages. „Jetzt will ich nicht auch noch ohne euch sterben."

Es entstand ein langer Augenblick des Schweigens.

„Wer denkt denn an so was!" rief dann seine große Schwester Maren.

„Na ich", sagte Nicolas. „In meiner Brust sind zwei Engel. Einer atmet, und einer klopft. Hoffentlich wollen sie nicht in den Himmel fliegen."

„Im Himmel gibt's genug Engel", sagte der neunjährige Max. „Da wollen ruhig ein paar auch auf der Erde bleiben."

„Wenn einer von uns zuerst stirbt, dann wartet er auf die andern an der Himmelstür", schlug Liesbeth vor.

„Man weiß aber nicht, ob das geht", sagte Maren abweisend.

Und Max sagte: „Wir fragen Papa. Erwachsene sterben nämlich zuerst."

„Kinder können aber auch sterben", fing Liesbeth wieder an. Maren betrachtete sie vorwurfsvoll. Sie fühlte sich mit ihren elf Jahren immer für alle verantwortlich.

„Wie ist Sterben eigentlich, Tobi?" fragte jetzt Nicolas.

„Geht da das Gerüst raus, das mich zusammenhält?"

Tobi hatte bis jetzt geschwiegen.

Er war der Älteste, und Nicolas glaubte darum, daß er alles wisse. „Ich weiß es nicht", sagte Tobi jetzt ganz bedrückt. „Eigentlich glaube ich eher, daß es so was wie einen Lebenskörper gibt, der dann rausgeht. Und das Gerüst, das sind die Knochen. Die bleiben hier."

„Das ist dann das Gerippe", sagte Max und bekam sofort von Maren einen Tritt unterm Tisch.

„Ich darf doch auch mal was sagen!" wehrte er sich maulend.

Dann kam Mama und trug Nicolas wieder in sein Bett. Maren setzte

sich zu ihm, solange Mama das Abendessen machte. Nicolas lag eine Weile ruhig da. Dann fragte er: „Wie ist eigentlich der liebe Gott?"
Maren dachte nach.
„Na, der liebe Gott ist eine Person. Er wohnt im Himmel. Er hat die Welt gemacht und sich alles ganz lange und ganz toll ausgedacht. Richtig mit viel Mühe. Darum will er nicht, daß ihm die andern jetzt alles kaputt machen, mit dem Umweltschmutz und den Atomsachen und so. Ich denk mir oft, wie furchtbar traurig der ist, daß sie ihm all das Schöne wohlmöglich kaputt machen."
Da konnte sich Maren so richtig reinfühlen.
„Kann Gott denn dagegen gar nichts tun?" fragte Nicolas.
„Ne, das glaube ich nicht. Das ist so, wie wenn ich ein schönes Bild male. Alles schön mit Wasserfarben und so. Und dann kommt einer und verschmiert und zerschnippelt alles. Ja, dann ist es eben weg."
„Glaubst du, daß Gott dann eine neue Welt machen würde?" fragte Nicolas wieder. Und Maren antwortete verärgert: „Ne, ich glaube nicht, daß er dazu noch Lust hätte."
Nicolas dachte eine Weile nach. Dann sagte er: „Ich glaube doch. Wenn ich zu ihm komme, dann sag ich's ihm jedenfalls. Dann macht er bestimmt alles wieder neu. Auch deine Bilder."
„Laß das mal jemand anders machen, und bleib du lieber hier", sagte Maren und fühlte ein eigenartiges Brennen in ihren Augen.

Jetzt kam Mama mit dem Griesbrei. Nicolas aß soviel wie ein Vögelchen. Dann bekam er noch seine Tabletten. Mama zerstampfte sie immer im Mörser und vermengte sie mit Marmelade. Sonst konnte Nicolas sie nicht schlucken. Dann zündete Mama das Nachtkerzchen an und stellte es in einen Teller mit Wasser.
„Warum denn?" fragte Liesbeth, und Mama erklärte ihr, daß das Kerzchen einerseits auf Nicolas aufpassen, andererseits aber das Haus nicht anzünden sollte.

„Und auf mich soll es ja auch aufpassen", sagte Liesbeth etwas vorwurfsvoll.

Dann lagen Liesbeth und Nicolas in ihren Betten, beim heimeligen Schein der kleinen Kerze, und nebenan sang Mama noch ein paar Weihnachtslieder.

„Wer wird mich denn wieder gesund machen, Mama?" fragte Nicolas am nächsten Morgen. Mama mußte erst ein bißchen ganz woanders hinsehen, ehe sie antworten konnte.

„Das weiß ich nicht, kleiner Däumling. Das wird wohl so sein wie bei allen Däumlingen."

„Welche Däumlinge?" fragte Nicolas.

„Na, die aus dem dicken grünen Buch", sagte Liesbeth. „Maren, hol's mal."

Maren holte das Märchenbuch und schlug es auf.

„Vorlesen ist blöd. Das macht so müde." Nicolas seufzte und drehte sich zu Wand.

Von da an las Maren jeden Tag für sich ein Däumlingsmärchen. Und dann erzählte sie es ihrem kleinen Bruder. Auch die andern hörten zu:

Immer sieht es so aus, als ob der kleine Kerl in der Welt der Großen und Starken untergeht. Aber er geht nicht unter. Er geht nur in ein anderes Königreich. Und da wird er dann König.

Noch lange, nachdem der Däumling Nicolas in ein anderes Königreich gegangen war, erzählten sich die vier Geschwister Däumlingsgeschichten. Sie wollten alle in einem Zimmer schlafen. Und wenn sie mal besonders traurig waren, dann zündete Mama ihnen ein Nachtkerzchen an und stellte es in einen Teller mit Wasser.

„Wir haben jetzt jedenfalls jemanden, der sich im Himmel auskennt", sagte Liesbeth.

# *Eltern*

## Bäume fällen tut er nicht

„Dann nimmt er den Schwamm und wischt den oberen Teil einfach weg", sagte Tim.

„Was ist?" fragte der alte Gandezki. Er hörte schwer, und das Sägeband war laut.

„Guck doch", sagte Tim etwas lauter. „Den oberen Teil der Berge hat er weggewischt."

„Wer hat was?" fragte Gandezki.

„Weiß ich ja auch nicht!" schrie Tim.

Gandezki stellte die Säge ab. Er setzte sich neben den kleinen Tim und zündete sich eine Pfeife an.

„Jetzt guck aber auch", sagte Tim und zeigte energisch auf die Berge ringsum. Der obere Teil des Gebirges war im weißen Nebel verschwunden.

„Gefallen Gott die Berge nicht? Wischt er sie deshalb so oft weg?"

„Genauso oft zeigt er sie uns doch auch wieder", sagte Gandezki.

„Gar nicht!" Tim runzelte seine kleine Stirn und schaute böse in die Ferne. „Meinen Papa hat er auch weggewischt."

Seit zwei Wochen kam Tim jeden Tag nach der Schule zum alten Gandezki und sah ihm beim Brettersägen zu. Überall sonst fühlte Tim sich wie in einem luftleeren Raum, denn niemand wußte so recht, was und wie man nach diesem schrecklichen Schicksalsschlag mit Tim reden sollte. Und um nichts Falsches und Unpassendes zu sagen, sagte man lieber gar nichts. Aber für Tim war das nicht gut.

„Du könntest mir wirklich mal helfen, das Sägemehl wegzufegen", sagte jetzt Gandezki. Er hatte einen Ein-Mann-Betrieb, und seine Säge sägte immer nur ein Brett auf einmal.

„Ne", sagte Tim. „Das hat doch alles keinen Sinn."

Er hatte eine riesige Wut im Bauch. Auf den Baum war er wütend, der seinen Vater erschlagen hatte. Auf seinen Vater, der so ungeschickt gewesen und nicht rechtzeitig zur Seite gesprungen war. Auf den Doktor, der seinen Vater nicht retten konnte, sondern nur seinen Tod bestätigt hatte. Er war wütend auf die Männer, die den Sarg in die Erde gesenkt und zugeschaufelt hatten. Ja, er war sogar wütend auf seine Mutter, die jetzt nur noch arbeitete oder weinte, während sie früher oft mit ihm gespielt und gelacht hatte. Er war wütend auf die anderen Kinder in der Schule, die ihren Vater noch hatten. Und er war wütend auf sich selbst, weil er so wütend war und sich nicht zu helfen wußte. Er war auch wütend auf den Pfarrer, der am Grab etwas vom Sinn des Lebens und des Sterbens gesagt hatte.

„Das hat doch keinen Sinn, Gandezki, oder? Was soll das denn für einen Sinn haben, daß mein Vater gestorben ist?"

„Ne, das hat keinen Sinn", sagte Gandezki, stellte die Säge wieder an und sägte das nächste Brett aus dem Fichtenstamm.

Tim blieb verdattert sitzen. Gandezki war der erste und einzige, der frei heraus sagte, daß das keinen höheren Sinn hatte. Da brauchte Tim ja nun nicht länger zu grübeln. Aber irgendwie war ihm das auch nicht recht.

„Meinst du, daß Gott etwas macht, das keinen Sinn hat?" schrie er über die Säge hinweg.

„Wer hat Macht?" fragte Gandezki und legte den Fichtenstamm zurecht, um das nächste Brett zu sägen, das jetzt ein wenig breiter ausfiel als das vorige. Tim stand auf und holte den Besen.

„Vielleicht hat Gott gar keine Macht über das alles", dachte er jetzt. „Aber wenn er einen Baum wachsen lassen kann, was ja kein Mensch fertigbringt, warum muß er ihn dann ausgerechnet auf meinen Papa fallen lassen?"

„Vielleicht interessiert er sich einfach nicht mehr für die Leute hier hinten im Tal", rief er. Aber Gandezki hatte wieder nur etwas vom Leuchten im Tal verstanden. Als er die Säge abstellte und zufrieden auf seine fünf Bretter sah, kehrte Tim den Rest des Sägemehls zusammen und tat es in einen Sack.

„Kannste mitnehmen, das brennt lange", sagte Gandezki. Er setzte sich mit dem Jungen auf einen Bretterstapel und gab ihm ein Stück Brot; auch einen Apfel, den er sorgfältig mit seinem Taschenmesser zerteilte.

„Schicksal ist nun mal Schicksal", sagte er. „Da kann man nicht dran rütteln. Man soll auch nicht nur auf die Dinge und Ereignisse starren, verstehst du, sondern auf die Bewegung, die dadurch entsteht, auf den Wechsel und Wandel. Das eine ist das Schicksal, und das andere ist das, was jeder daraus macht, wie er damit umspringt. Nimm mal dich", sagte Gandezki zwischen zwei Bissen. „Niemand will mit dir reden vor lauter Trauer. Da kommst du zu mir, und wir reden. Wir sägen und essen und reden. Wir verstehn uns zwar mal mehr, mal weniger, aber das macht Sinn."

Tim biß große Bissen von seinem Brotkanten ab und ließ Gandezki reden.

„Vielleicht reden wir mal über das Leben von deinem Vater, dem Holzfäller. Nicht bloß über sein Sterben. Sein Leben hat sich im Wald abgespielt, mit den Bäumen. Er kannte jeden Baum mit Namen und Alter. Er konnte seine Kubikmeterzahl schätzen. Er kannte die Berge mit Wind und Wetterverhältnissen. Sein Sterben war Schicksal. Das hat er nicht gemacht. Aber aus seinem Leben, da hat er was gemacht. Und das will er auch von dir, daß du aus deinem Leben etwas machst. Sterben tun wir ganz von alleine. So, jetzt ist meine Gurgel aber trocken!" Gandezki trank Bier aus einer kleinen grünen Flasche. Tim war nicht überzeugt.

„Dann müßte er aber da sein, mein Papa", sagte Tim. „Damit er mir das sagen kann und nicht einfach so abhauen und mich alleine lassen."

„Ist doch komisch." Gandezki wischte sich den Mund mit dem Ärmel ab, klappte sein Taschenmesser zu und wies dann mit einer großen, runden Geste zu den Bergen hinauf. „Wenn der Nebel kommt, sieht es so aus, als ob die Oberberge weg wären, weggewischt, wie du sagst. Aber guck jetzt mal hin. Du siehst, sie sind noch da, und waren die ganze Zeit da, groß und schön und uns ganz nah. Damit will der Herrgott uns was zeigen, nämlich daß nicht nur das da ist, was man sehen kann. Das Unsichtbare ist auch immer da. So was macht der Herrgott. Bäume fällen tut er nicht."

Gandezki stand auf, schaltete den Strom aus und schloß die Sägemaschine ab. Dann ging er mit dem Jungen nach Hause. Tim dachte über das Gehörte nach. Zum ersten Mal seit jenem traurigen Ereignis freute er sich fast schon ein wenig auf den nächsten Tag.

# Daß mir auf Erden nicht zu helfen war

Sarah setzte sich auf den großen Stein aus rotem Granit und fuhr mit dem Finger die eingravierten Buchstaben nach. Arnold Guttmann stand da. Das war der Name ihres Vaters.

Als Arnold Guttmann beerdigt wurde, war Sarah weit weg. Auf einer Afrikareise. Jetzt saß sie hier ganz allein und verstand gar nichts. Alles, was sie über den Tod des Vaters gehört hatte, verwirrte sie. Jetzt fühlte sie nur den tiefen Schmerz der Trennung und das heftige Verlangen, noch einmal mit ihrem Vater reden zu können.

Die Sonne schien warm und ließ die Buchsbaumhecken duften. Die Blumen auf den Gräbern fand Sarah unangenehm bunt, so als wollten sie den traurigen Anlaß vertuschen, der sie hier auf die kleinen Grabhügel gebracht hatte. Da war es schon anders mit den dunklen Zypressen, die ernst und gerade zum Himmel zeigten. Allerdings hatten sich auch ein paar Laubbäume dazugesellt, Linden und Birken, deren Blätter hell im Sonnenlicht glänzten und sich leicht im Wind bewegten.

Sarah schaute zu ihnen hinüber. Und da sah sie ihren Vater.

Zuerst wollte sie ihren Augen nicht trauen. Aber dann kam ihr Vater auf sie zu und lächelte sie an.

„Ich denke, du bist tot?" sagte Sarah verwirrt.

„Ach, weißt du, eigentlich bin ich ganz froh, daß ich nicht da unter dem schweren Granitblock liege", sagte er. Sarah konnte das verstehen. Der Grabstein war wirklich viel zu pompös. Aber so war der Geschmack ihrer Mutter.

„Komm, laß uns ein bißchen unter den Bäumen wandern", sagte der Vater und nahm Sarah bei der Hand. Sie liebte diese Geste.

„Man sagt, du hast dir das Leben genommen", begann Sarah die Unterhaltung.

„Ja", sagte der Vater. „Das eine Leben habe ich mir genommen und das andere gelassen."

So hatte Sarah das noch nie betrachtet. „Und wie geht es dir jetzt?" fragte sie.

„In jenem Leben ging es mir sehr schlecht, das weißt du ja." Ein Schatten zog über sein Gesicht, und Sarah wußte nicht, ob es der Schatten der Bäume oder der Seele war. „So schlecht, daß mir auf Erden nicht zu helfen war. – In diesem Leben hier geht es mir endlich gut. Es ist allerdings nicht die ewige Ruhe, wie jener Steinengel sie vermitteln soll. Es ist auch nicht die ewige Verdammnis. Es ist ein Weg des Lernens. Du weißt ja, daß ich schon immer gerne viel lernen wollte. Aber ich konnte nicht, weil meine Eltern arm waren. Und später waren da die Arbeit und die Wünsche meiner Frau und ihrer Familie. Jetzt habe ich alle Zeit der Welt. Oder auch gar keine, denn Zeit existiert hier nicht. Ich lerne viele Dinge gleichzeitig, nebeneinander und miteinander, vor- und hintereinander. Kannst du dir das vorstellen?"

So recht konnte Sarah das nicht.

„Bist du denn nicht traurig ohne mich?" fragte sie.

„Ich bin nicht ohne dich. Es gibt hier keine Zeit. Darum bin ich weder geboren noch gestorben. Ich bin einfach, so wie du auch bist."

Sarah konnte das fühlen. Ihr Vater war gar nicht neben ihr und redete auch nicht zu ihr. Sie hörte seine Stimme in sich und fühlte seine Nähe unter ihrer Haut. Sie wagte kaum, sich zu bewegen. Sie lächelte.

Jetzt kam ein Schwarm von Staren und ließ sich auf den Zweigen der Birke nieder.

„Fragst du dich nicht manchmal, wie es kommt, daß kein Vogel den andern anstößt und jeder seinen eigenen kleinen Ast findet?" fragte der Vater. „Der Vogelschwarm sieht aus wie Chaos und folgt doch einer geheimen Ordnung, die jeder Vogel kennt und in sich hat."

Sarah sah, was sie schon hundert Mal gesehen hatte: Bäume, Vögel, Sonnenlicht. Aber heute schien ihr der Sinn dieser Dinge in ihrer Vielfalt und Bewegung klar zu werden.

„Gibt es noch geheimere Ordnungen als diese?" fragte sie, und der Vater bejahte es.

Sarah fühlte seine Stärke und Schwäche, seine Liebe und seine Gleichgültigkeit. Sie fühlte, daß er sein eigenes Leben hatte und dennoch auch eines mit ihr zusammen.

Und das war gut so.

Als die Glocken der kleinen Kapelle zu läuten begannen, fühlte sie die Kühle des großen Granitsteins. Die Sonne war schon untergegangen.

Sarah stand auf. „Danke!" rief sie zu den Bäumen hinüber, die jetzt im Schatten lagen.

# Das gute Gefühl

Die mächtige Elbe fließt durch eine Stadt, die einmal zu den schönsten Europas zählte. Elbflorenz nannte man sie, bis sie in einer schlimmen Februarnacht im Bombenhagel starb. Ja, auch Städte können sterben. Allerdings nicht so wie Menschen. Es ist mit ihnen eher so wie mit einem Mohnblumenfeld, das der Hagel zerschlägt. Zuerst sieht es schrecklich aus, wüst und leer. Aber dann, langsam, langsam, beginnt es wieder zu grünen. Und dann, eines Tages im nächsten Jahr, blüht es wieder.

So erging es auch der armen Stadt Dresden. Nur daß es da natürlich viel, viel länger dauerte, als bei einem Mohnblumenfeld, bis sie wieder blühte.

Eines Tages, und das ist jetzt noch gar nicht so lange her, stand eine Gruppe von Schülern der achten Klasse in der Dresdner Gemäldegalerie. Langsam hatte man das Gebäude wieder hergerichtet und die Bilder aus dem Keller geholt.

„Welches Bild hat euch denn am besten gefallen?" fragte die Lehrerin.

„Das von Gaugin", rief Claudia gleich. „Das macht so ein gutes Gefühl im Bauch."

Die Mitschüler kicherten.

„Kannst du das begründen?" fragte die Lehrerin, denn mit Gefühlen allein gibt sich eine Lehrerin nie zufrieden.

„Wenn man so ein Gefühl hat, dann lohnt es sich, etwas näher hinzugucken", sagte Claudia. „Zuerst habe ich nämlich gedacht: ‚Was sind das doch für Mädchen. Die sehen ja so komisch aus.' Aber dann hab ich gesehen, wie heiß es auf dem Bild ist. Mir wurde auch ganz heiß, und ich wäre am liebsten barfuß gegangen, wie die Mädchen da. Ich dachte, das könnten auch meine Freundin und ich sein, die da sitzen, so friedlich und müde und in kühle Seidentücher gehüllt. Das hat der Paul Gaugin doch toll ausgedrückt, daß man das auch so fühlen kann, wenn man das Bild ansieht. – Und dann gefallen mir auch sehr die zwei roten Blätter da hinten auf dem grünen Grund. Es sind nur zwei Blätter, aber sie stehen für den ganzen Baum, einen tropischen Baum natürlich."

Das Gekicher war verstummt. Die Lehrerin war ebenso erstaunt, wie die Mitschüler. Beim Rausgehen fragte Claudias Freundin: „Woher weißt du denn das alles?"

„Von meiner Mutter", antwortete Claudia. „So was sagt mir meine Mutter."

„Aber", sagte die Freundin zögernd, „deine Mutter ist doch schon lange tot. Und, und damals hing das Bild doch noch gar nicht wieder hier?"

Claudia lächelte, ein wenig wissend, ein wenig hilflos. Sie hatte eine ganz besondere Beziehung zu ihrer Mutter. Aber wie sollte sie das erklären?

Claudias Mutter war Malerin gewesen. Aber das war kein ausreichender Beruf in einem Arbeiter- und Bauernstaat. Darum war sie auch Lehrerin. Jede freie Minute verbrachte sie aber mit ihren drei kleinen Töchtern und mit Malen. Alles ersparte Geld gab sie für Farben und Papier aus. Claudias Vater brummte oft darüber, aber dann saß er abends doch stolz auf dem Sofa und sah seinen vier Künstlerinnen beim Malen zu.

Die Mutter erklärte das Leben, die Sehnsüchte, Wünsche und Aufgaben der Farben. Sie sprach von ihnen wie von Personen. Sie ließ zum Beispiel die Farbe Grün als Kind von Blau und Gelb geboren werden. Sie ließ Grün sich in seine Komplementärfarbe verlieben, das Rot. Und sie zeigte den Mädchen, wie sie auf einem weißen Papier rot sehen konnten, wenn sie zuvor lange genug auf einen grünen Fleck gestarrt hatten.

Im Winter malte sie mit den Kindern graue Häuser und bläulichen Schnee. All die verschiedenen Grautöne waren ja auch etwas Schönes! Keiner war wie der andere. Die Stille und Traurigkeit vermittelte sie den Mädchen und den heftigen Wunsch der grauen Häuser nach einer roten Kinderpudelmütze.

Im Sommer ging die Mutter mit den Kindern in den Rosengarten am Elbufer. Dort malten sie dann alle Blumen die sich finden ließen. Nicht nur die Rosen, auch die Schwertlilien, Mohnblumen und Fingerhüte. Zu Hause zeigte die Mutter ihren drei kleinen Malerinnen Bilder von Leuten, die auch Schwertlilien und Mohn gemalt hatten. Vincent und Emil hatten sie geheißen. Und auch eine Gabriele war dabei.

Die Mutter zeigte den Mädchen, daß man nicht alles ganz genau malen muß, was man sieht. Manchmal genügte schon ein kleiner Teil um das Ganze zu beschreiben. Es mußte nur ein wichtiger Teil an einer wichtigen Stelle sein. Beim Fingerhut, zum Beispiel, mußte man nicht den ganzen Stiel von oben bis unten malen. Zwischendurch konnte man ruhig die Blütenglocken einfach so in der Luft hängen lassen. Mit ein bißchen zerlaufenem Rosa drumherum sah das sehr leicht, ja duftend aus.

Irene, der jüngsten Schwester von Claudia, fiel das schwer. Immer wieder war dann doch der ganze, dicke Stiel auf dem Bild zu sehen. Sabine, die Älteste, fand, daß Irene einfach noch zu dumm und zu klein sei, um richtig malen zu können. Aber die Mutter sagte: „Das ist die Epoche der Ausdruckskunst. Irene will sicher ausdrücken, daß der Stiel etwas ganz Festes, Stabiles ist." Und sie zeigte den Kindern Bilder von Ausdruckskünstlern, die man auch Expressionisten nennt. So war sie.

Daß man ohne Farben, ohne malen und ohne Mutter leben könnte, das glaubten die drei Mädchen nicht, denn solange sie denken konnten, war das alles das Wichtigste ihres Lebens gewesen. Aber eines Tages wurde die Mutter krank. Bald konnte sie weder zum Elbufer noch zur Schule gehen. Eine Weile war sie im Krankenhaus. Dann kam sie wieder nach Hause, aber nicht, um zu bleiben.

## Das gute Gefühl

Zum Glück war da der Vater, der die Töchter sicher gut versorgen und trösten würde. Aber wie könnte sie, die Mutter, den Kindern den Trennungsschmerz verringern? Darüber mußte die Mutter immerzu nachdenken. Und schließlich wußte sie es.

„Ich muß euch jetzt sagen, daß ich sterben werde", sagte sie zu ihren Töchtern, die um ihr Bett saßen. Die Mädchen, jetzt sechs, acht und zwölf Jahre alt, sahen sie mit großen, erschrockenen Augen an. Sie hörten die Worte, aber sie wußten nichts damit anzufangen.

„Das heißt aber nicht, daß ich euch ganz und gar verlassen werde," fuhr die Mutter fort." Irgendwie werde ich immer zu euch kommen, auch wenn ihr mich nicht sehen und hören könnt."

„Wie sollen wir das denn dann merken?" fragte Sabine ängstlich.

„Erinnert ihr euch daran, wie wir die frisch aufgeblühten Rosen gemalt haben?" fragte die Mutter jetzt. „Was habt ihr denn da gefühlt?"

„Mir war's warm im Bauch", sagte Claudia.

„Mir auch", sagte Irene. „Ich hatte ja gerade den neuen Farbkasten bekommen."

Sabine dachte eine Weile nach. „Als ich gesehen hab', wie du das Rosa zu dem Gelb getupft hast, auf dem feuchten Papier, und wie dann daraus eine Rose geworden ist, da, da war das wie ein Morgengruß. Oder als ob du redetest und was erzähltest. Ich meine ..." Sabine verstummte, aber die Mutter sagte:

„Ja, genau so wird es sein. Wenn ihr ein schönes Bild seht oder eine Blume oder den Himmel mit seinen Wolken oder den Schnee, wie er die Linien der Häuser nachzeichnet, dann werde ich da sein und jede von euch grüßen. Ihr werdet mich nicht sehen und nicht hören. Aber ihr werdet mich ganz gewiß fühlen. Das verspreche ich euch."

Es geschieht nicht oft, daß jemand, der stirbt, den anderen etwas verspricht. Meistens ist es ja eher umgekehrt. Sabine verstand es. Claudia verstand es ein bißchen. Irene schmiegte sich eng an die Mutter. Sie verstand nichts, aber sie fühlte etwas, das sich wie Weihnachten oder der Geburtstagsmorgen anfühlte; froh, feierlich und ein bißchen zum Weinen. In dieser Nacht durften alle drei bei der Mutter schlafen. Als sie am nächsten Morgen aufwachten, war die Mutter fort. Aber das Gefühl war dageblieben. Sie konnten sogar mit dem Vater darüber reden, als sie den Sarg mit Blumen schmückten.

Das, was die Mutter ihnen versprochen hatte, traf ein und wurde auch nicht anders, so viele Jahre auch vergehen mochten. Manchmal, wenn die Mädchen zum Beispiel vor einer leuchtend roten Mohnwiese standen, wurde ihnen allen ganz warm ums Herz. Dann sahen sie einander vielsagend an und lächelten. Sie allein wußten, was das zu bedeuten hatte.

# Großeltern

## Wo bleibt die Sonne, wenn sie untergeht?

„Du, Frau Berger, Monis Mutter hat heute morgen geweint."
Sonja zupfte ihre Erzieherin aufgeregt am Rock.
„Und da möchtest du sicher wissen, warum", sagte Frau Berger, während sie noch die letzten kleinen Mäntel und Jacken auf die Kleiderhaken hängte.
„Ich dachte, große Leute weinen nicht", sagte Sonja.
Frau Berger nahm sie an der Hand und ging mir ihr ins Spielzimmer.
Es war alles so anders, so merkwürdig heute. Draußen war trübes Wetter und drinnen war trübe Stimmung.

Einige Kinder hatten sich schon etwas zum Spielen geholt. Aber eigentlich spielten sie gar nicht richtig. Moni spielte überhaupt nicht. Sie saß stumm auf ihrem Stühlchen.
„Wie eine Puppe", dachte Sonja. Und das beunruhigte sie sehr, denn Moni war sonst immer ein lustiges Kind. Fragend sah Sonja zu Frau Berger auf. Wenn man sich etwas nicht erklären kann, wird man ängstlich.
Frau Berger stand einen Augenblick still. Dann ging sie zu Moni und nahm sie auf den Schoß. So saßen sie eine Weile. Und dann sagte Frau Berger:
„Ich glaube, die andern Kinder möchten wissen, warum du so traurig bist."

Aber Moni schaute nur stumm vor sich hin.

„Komm, wir lassen sie lieber und spielen was." Sonja wurde ungeduldig. „Die will ja nix sagen. Sie ist zu traurig."

Frau Berger wiegte Moni ein klein wenig hin und her, so wie man weinende Babys wiegt.

„Es ist besser, ein bißchen darüber zu reden", sagte sie.

Dann kam Guido und nahm Monis Hand, ganz energisch. „Ich bin dein Freund, sag's mir. Dann helf' ich dir."

Moni sah ihren Freund an. Und sie sagte leise: „Meine Oma ist fortgegangen, für immer."

Das konnte nun niemand recht verstehen, denn die Kinder wußten, daß Moni bei ihrer Oma wohnte.

„Wohin ist sie denn gegangen? Und warum für immer?" fragten die Kinder durcheinander. Und Sonja sagte: „Das find ich aber nicht nett von ihr. Wer paßt denn jetzt auf dich auf, wenn deine Mutter arbeitet?"

Moni wußte nicht, was sie darauf antworten sollte. Aber Frau Berger kam ihr zu Hilfe.

„Monis Oma ist nicht freiwillig weggegangen, Sonja. Sie war schon lange krank."

„Und jetzt ist sie ... ist sie jetzt ... gestorben?" fragte Guido ganz vorsichtig. Frau Berger bestätigte es.

„Auch das noch!" rief Uli. Und Frau Berger fragte erstaunt: „Was meinst du denn damit, Uli?"

„Na weil doch gestern unsere Amsel auch grad gestorben ist."

Immer mehr Kinder hatten aufgehört zu spielen und drängten sich jetzt um Moni und ihre Erzieherin.

„Dann sind sie jetzt also beide in den Himmel geflogen und sind Engel, die Amsel und die Oma", sagte Ricardo. Es beruhigte ihn, das zu wissen.

Aber Moni fragte erstaunt: „Kann meine Oma denn fliegen, Frau Berger?"

Frau Berger setzte sich jetzt mit allen Kindern in die Kuschelecke.

„Erzähl uns was von deiner Oma", sagte sie, denn spielen wollte so recht jetzt niemand.

„Meine Oma, die, die hat mir immer Kaba gemacht ... oder Tee", fing Moni etwas stockend an. „Kräutertee mit Honig. Meine Oma hat auch so schönen Kuchen gebacken, Streuselkuchen ... und sogar Brot. Ich durfte ihr immer helfen. Da hab ich manchmal vom Teig genascht. Dann, dann hat sie gesagt: Naschkätzen, Naschkätzchen, pass auf auf dein Naschtätzchen."

Uli lachte. „Nachkätzchen, Naschtätzchen ... hat sie dich dann gehauen?"

„Nö, nicht richtig. Das war nur Spaß. Aber verschütten durfte ich nichts. Dann hat sie gesagt: Verplemper nicht die gute Gottesgabe!

Und Geld hab ich auch nicht rumschmeißen dürfen."

„Was hat sie denn dann gesagt?" fragte Guido, und alle Kinder hörten neugierig zu.

„Wer den Pfennig nicht ehrt, ist des Talers nix wert!"

Jetzt konnten die Kinder schon lachen, und Frau Berger fragte: „Weiß denn jemand von euch, was ein Taler ist?"

„So hieß früher mal 'ne Mark", sagte Stephan. Das wußte er noch von dem Lied vom wandernden Taler

„Was noch? Was hat deine Oma noch gemacht?" fragte Sonja. Auf einmal war diese Oma ganz wichtig geworden.

„Gestrickt. Den Pulli hier", sagte Moni, und ihre Bäckchen bekamen wieder ein wenig Farbe. „Und ich kann auch stricken. Meine Oma hat mir eine Strickliesel geschenkt und dann, dann hat sie mir gezeigt, wie man's macht."

„Wie? Wie hat sie dir's gezeigt?" wollte Sonja wissen, und Ute fragte, ob sie dazu auch so was Lustiges gesagt habe.

„Ne", sagte Moni. „Gesagt hat sie nichts, aber gesungen. Beim Stricken muß man singen. Aber die Oma hatte eine ganz krumpelige Stimme." Jetzt lächelte Moni ein wenig, während sie an die vertraute Stimme ihrer Großmutter dachte.

Die anderen Kinder gaben keine Ruhe: „Was hat sie denn gesungen? Sing's doch mal."

Da sang Moni mit leiser Stimme das Lied von dem gestrickten Fädchen und dem Mädchen, viele, viele hundert Ellen lang ...

Das fanden die Kinder so schön, daß sie es auch lernen wollten. Und natürlich auch das Stricklieselstricken.

„Was ist überhaupt 'ne Stickliesel?" fragte Ricardo, der sich nie auf etwas Ungewisses einlassen wollte.

„Na, das ist so ein Ding. So aus Holz. Oben strickt man, und unten kommt dann das Gestrickte raus. Also, wenn man den Faden davor legt und dann ..."

„Am besten, du bringst mal deine mit", unterbrach Sonja.

Und Frau Berger meinte, daß Moni ja eine ganze Menge von ihrer Oma gelernt habe.

„Die kann selber schon 'ne Oma sein", sagte Uli, und alle lachten.

Nur Guido war ganz nachdenklich und sagte: „Die Oma von Moni ist eigentlich noch wie da."

Dann war es eine Weile still, und alle dachten über das Gehörte nach. Schließlich fragte einer:

„Aber du, Frau Berger, wo ist Monis Oma denn jetzt wirklich?"

Frau Berger antwortete nicht gleich, denn das ist nicht leicht.

„Ich denke mir eben", sagte sie dann, „das ist wohl so wie mit der Sonne. Wenn bei uns am Abend die Sonne hinter dem Wald untergeht, dann denken wir, sie sei weg. Aber in Wirklichkeit geht sie in ein anderes Land, das wir nicht kennen.

Und während bei uns hier dunkle Nacht ist, beginnt dort gerade ein neuer Morgen."

# Warum Omas graue Haare haben

Warum Omas graue Haare haben? Na, das ist doch wie bei den Blättern im Herbst.

Dann müßten die Haare der Omas ja rot und gelb sein! Meint Ihr?

Nein, nein. Sie waren ja vorher auch nicht grün. I bewahre, es ist einfach nur die Farbe, die mit der Zeit verloren geht. Das ist nicht nur bei Haaren und Blättern so. Das ist bei allen Dingen so und hat eine tiefere Bedeutung. Die Zeit nimmt die Farbe mit und benutzt sie woanders, glaube ich. Aber wo?

Édithe, von der meine Geschichte handelt, war damals ein kleines Mädchen. Es wohnte in einem kleinen Haus in einem kleinen Dorf. Schön gemütlich, mit Blumen und Obstbäumen vorm Haus und einem großen Kachelofen im Wohnzimmmer. Gleich nebenan wohnte Esther, ihre beste Freundin.

Esthers Vater war Schneider, und die beiden Freundinnen verbrachten viel Zeit damit, kleine Stoffreste zu sortieren und Muster daraus zu legen. Denn nähen konnten sie noch nicht.

Manchmal gingen sie mit den Flicken zu Édithes Großmutter

und sagten: „Ach Großmütterchen, du Gute, hast du schon jemals so schönes Tuch gesehen? Rot und blau und grünkariert? Ach bitte, liebes, süßes Großmütterchen, näh uns doch für unsere Puppen schöne Flickenröckchen daraus."

Und die Großmutter lachte und sagte: „So, so, ihr Zuckerschnäuzchen. Da soll ich euch also Röckchen nähen. Ja, sind denn eure Puppen vielleicht Prinzessinnen, daß sie Kleider aus so feinem Tuch benötigen?" Und sie nähte den Puppen kleine Röckchen, ja sogar noch Umschlagtücher dazu.

Am Sonntag gingen Édithe und Esther dann stolz mit ihren Puppen spazieren. Den Weg hinunter zum Bach und dann über die Brücke zu den Feldern, die Édithes Eltern gehörten. Am Rand der Felder blühten Kornblumen und Margeriten. Die Mädchen machten ihren Puppen Kränze daraus. Auf dem Heimweg nahmen sie für die Großmutter ein paar Zwiebeln mit, vom letzten Feld, denn daraus kochte die Großmutter Zwiebelsirup.

Als die kleinen Mädchen wieder zur Brücke kamen, standen da ein paar freche Jungen vom Dorf, und der große Igors fing sofort an sich aufzuspielen.

„Aha", rief er. „Wollen die Madamchen hier durch? Das kostet aber Brückenzoll."

Esther und Édithe waren so erschrocken, daß sie kein Wort herausbrachten. Stumm hielten sie dem bösen Igors die Zwiebeln hin. Der riß sie ihnen aus den Händen und biß hinein.

„Pfui Deibel", rief er und versuchte, seiner Stimme einen imponierenden Klang zu geben. „Soll das alles sein?"

Die andern Jungen lachten. Esther und Édithe hielten sich an der Hand und drängten sich dicht aneinander. Der böse Igors näherte sich bedrohlich.

„Was haben wir denn hier Feines?" rief er und entriß Esther die Puppe.

„Nein, nein, nein", schrien beide Mädchen im Chor und wollten ihm die Puppe wieder wegnehmen. Andere Jungen mischten sich ein, und während des Handgemenges fiel die Puppe in den Bach und schwamm davon.

Mit einem Schlag standen alle wie erstarrt und schauten der Puppe nach, die da unaufhaltsam in der Ferne verschwand. Stumm gingen sie nach Hause. Ein Stück Kindheit schien mit der Puppe davongeschwommen zu sein.

Die kleinen Mädchen weinten leise, die ganze Zeit. In dieser Nacht schliefen sie zusammen mit einer Puppe in einem Bett. Großmutter versuchte sie zu trösten. Sie sang ihnen Lieder. Endlich schliefen sie ein.

„Es werden schlimme Zeiten kommen", murmelte die alte Frau, und ihr Blick richtete sich in die Zukunft.

Zuerst kamen die schlimmen Zeiten zum Schneider.

„Wer Goldstin heißt, ist kein Mensch, sondern ein Blutsauger", jolten sie. „Ab mit euch in den Kaiserwald!"

Esthers ganze Familie, und auch der Lehrer und der Doktor wurden mit einem großen Lastwagen davongefahren. Die Zurückbleibenden standen da, schweigend, wie erstarrt.

Der Schneider schenkte Édithe zum Abschied ein Stückchen geblümte Seide. Édithe gab Esther ihre Puppe mit. Aber da, wo Esther jetzt hinkam, gab es weder Blumen noch Wärme, noch sonst irgend etwas, das Menschen zum Leben brauchen.

Édithe ging lange allein über die Brücke und durch die Felder. Die schlimmen Zeiten waren überall. Nach Jahr und Tag kamen sie auch in ihr Haus.

„Wer so einen großen Bauernhof hat, der ist kein Mensch, der ist ein Blutsauger", riefen sie. „Ab mit euch nach Sibirien!"

Édithes Familie, und auch viele Bauern aus anderen Dörfern, wurden mit einem großen Lastwagen davongefahren. Die Zurückbleibenden standen da, schweigend, wie erstarrt.

Großmutter schenkte Édithe zum Abschied ein Spiegelchen, und ihr Blick richtete sich weit in die Zukunft. Sie sagte: „Wenn dein Haar seine Farbe verliert, wirst du wiederfinden, was dir gehört."

Da, wo Édithe jetzt hinkam, gab es keine lieblichen Täler und Bäche, keine Hügel und Haine und fruchtbaren Felder. Endlos streckten sich die Taiga, die Bergwerke, die Winter. Es gab keine Blumen, noch Wärme, noch sonst etwas, das Menschen zum Leben brauchen.

Aber Édithe war jung und stark. Édithe war listig und geschickt. Édithe fand einen Weg zum Überleben. Schließlich heiratete sie sogar und bekam Kinder. Und immer noch lebte sie im endlosen Winter der Taiga, fern der Heimat und mit wenig Hoffnung. Manchmal holte sie ein kleines Stückchen geblümten Seidenstoff aus ihrer Tasche und erzählte, wie ihre eigenen Kindheit gewesen war, damals, mit ihrer besten Freundin Esther. Ihre Kinder hielten das für ein Märchen.

Ab und zu sah Édithe in das Spiegelchen und dachte an die Worte der Großmutter. Ihr eigenes Gesicht sah ihr grau und müde aus dem Spiegel entgegen. Aber ihre Zöpfe, die sie jetzt um den Kopf gelegt hatte, waren so braun wie eh und je. Wie sonst niemand, sehnte Édithe das graue Alter herbei. Die Worte der Großmutter waren noch immer ihre stille Hoffnung. Aber dann vergaß sie es wieder, für eine lange Zeit.

Ihre Kinder wurden groß und bekamen wieder Kinder, und einige starben in der Kälte. Aber eines Tages waren die schlimmen Zeiten vorbei. Alle, die noch lebten, stiegen in einen langen Zug und fuhren zurück in ihr Heimatland. Das dauerte viele Wochen, und eines Tages sagte ein Enkelkind: „Du Oma, warum verschimmeln denn deine Haare?"

Sofort holte Édithe ihr Spiegelchen hervor, und als sie die grauen Strähnen in ihren Zöpfen sah, mußte sie lange weinen.

„Wein doch nicht, Mütterchen", sagten die Kinder. „Bald sind wir doch jetzt da, wo du geboren bist."

„Deswegen weine ich ja", schluchzte Édithe und bedeckte lange Zeit ihr Gesicht mit den Händen. Wer sollte das verstehen?

Das kleine Haus in dem kleinen Dorf war zerfallen. Aber die Bäume davor und die Felder drum herum waren noch da. Das gehörte jetzt alles wieder Édithe und ihren Kindern. Auch die kleine Brücke gab es noch und das Zwiebelfeld. Allerdings wuchsen darauf jetzt Disteln. Édithe lief umher wie im Traum. Eine alte Frau saß am Wegrand und pflückte Kornblumen und Margeriten. Édithe blieb stehen und sah sie lange an. Dann zog sie das Stückchen geblümte Seide aus der Tasche und zeigte es ihr. Die beiden alten Frauen umarmten sich lange, lange. Dann gingen sie, nach sechzig Jahren, den altbekannten Weg nach Hause.

„Wie kommt es, daß du noch lebst?" fragte Édithe und wischte der Freundin die Tränen von den Augen.

„Wie ist es möglich, daß du wieder nach Hause kamst?" fragte Esther und strich der Freundin zögerlich die graue Strähne aus der Stirn.

Das Enkelkind sah ihnen eine Weile zu. Dann sagte es: „Jetzt weiß ich's. Eure Haare sind nicht verschimmelt, sie sind verhimmelt. Ja, wie der Herbsthimmel so grau, wenn die Kraniche ziehn."

„Das ist ein Zeichen von Glück", sagte Édithe. „Von Glück, das doch noch gekommen ist." Und Esther nickte.

„Ich will auch einmal so graue Glückshaare haben", sagte das Enkelkind.

„Die bekommst du auch. Ganz von alleine."

Es wurde ein neues Haus gebaut, und neue Zwiebeln und Blumen wurden gepflanzt. Es wurden neue Kinder geboren, und die Ziegen weideten wieder an den Straßenrändern. Édithe und Esther saßen oft auf der Gartenbank. Sie hielten sich bei der Hand und rückten eng zusammen.

So wie bei allen alten Menschen, die dem Himmel wieder ein Stück näher sind, hatten ihre Haare die Farbe von grauen Kranichen, die nach Hause fliegen.

# Großmutter liegt im Vogelbeerbaum

Großmutter war sehr alt und sehr krank. Bald würde sie sterben. Mutter, die Großmutters Tochter war, saß an ihrem Bett und hielt ihre fieberheiße Hand. Anna war sechs Jahre alt. Sie saß auf der Kommode und sah von dort aus den beiden Frauen zu.

„Ich habe Angst vorm Tod", sagte Großmutter leise. Das wunderte Mutter, denn Großmutter war immer eine kluge, fromme und tatkräftige Frau gewesen.

„Aber es wird sein wie nach Hause kommen." Mutter versuchte zu trösten. „Du wirst all deine Lieben wiedersehen."

„Das will ich ja grade nicht. Wer weiß, was die von mir denken", sagte Großmutter mürrisch.

Mutter fiel ein, daß es in der Familie viele Uneinigkeiten gegeben hatte, über die nie gesprochen worden war.

„Gott ist doch vor allem die Liebe", sagte Mutter. „Es kann alles nur gut werden."

Aber Großmutter war wütend." Woher willst du das denn wissen?" fragte sie streng. „Du warst doch noch nicht tot."

Anna, da oben auf ihrer Kommode, wurde es ein bißchen unheimlich. Sie hatte gedacht, Sterbende sind immer lieb. Auch Mutter war etwas ratlos. Sie gab Großmutter erst einmal mit einem Teelöffel Tee zu trinken. Großmutter atmete schwer und unruhig. Mutter überlegte, wie sie sie beruhigen könnte.

„Es ist Sommer", sagte Mutter jetzt. „Weißt du noch, welche Blumen im Sommer bei uns vorm Haus blühten? Es waren Zinnien und Levkojen. Und der Goldlack durftete so stark. Godezien und Reseda durften nie fehlen, die sähtest du im Frühjahr aus. Weiter hinten im Garten stand der Rittersporn. Und Eisenhut, Malven und Mohn. Und die hellen Sonnenbräute, die du so mochtest."

Da wurde Großmutter ruhig. „Erzähl weiter", flüsterte sie.

Mutter schüttelte Großmutters Kissen auf. Dann nahm sie wieder ihre kleine, heiße Hand. „Wie eine Kinderhand", dachte sie.

„Wenn du nach Hause kommst, wirst du natürlich hinterm Haus die Rosensträucher finden. Die dunklen Heckenrosen, die im Herbst so dicke Hagebutten haben. Und dann auch die hellrosa Heckenrosen, deren Blätter wie Herzchen um eine goldene Krone stehen. Wir sammelten und preßten sie für's Poesiealbum. Dann gab es natürlich noch die Edelrosen. Gloria Dei, Prinz Heinrich, Weiße Tugend, und wie sie alle hießen. Die gelben Teerosen, die so zart ihre Köpfchen hängen ließen, die sahen mir immer wie Elfen aus. Und sie hatten einen Duft wie Zitronen…"

Großmutter war eingeschlafen, und Mutter ging mit Anna in die Küche, um frischen Tee zu kochen und etwas zu essen.

„Sterben muß schwer sein", sagte Anna. Aber Mutter meinte: „Ach nein, es ist auch nicht schwerer als leben."

Das beruhigte Anna irgendwie, und sie war bereit, sich jetzt in ihr Bett zum Schlafen zu legen. „Aber laß die Türen auf!"

Mutter ging zurück in Großmutters Zimmer. Großmutter war wieder aufgewacht. Mutter gab ihr Tee und erzählte weiter: „Von der Clematis kann ich noch erzählen. Sie hatte verschiedene Blütenfarben, von weiß über rosa bis dunkelviolett. Sie wuchs an der Sonnenseite des Hauses und kletterte bis zu den Fenstern im ersten Stock hoch. Und sie öffnete und schloß ihre Blüten mit Sonnenauf- und -untergang, als wollte sie uns die Zeit ansagen. Bienen und Hummeln besuchten sie immer. Das gab ein richtiges Summkonzert.

Und dann natürlich der Jasminbusch, der zu Hause viel später blühte als hier. Denn unser Klima war viel rauher. So kam es, daß er immer an deinem Geburtstag blühte. Das weißt du doch sicher noch. Und wie hier vorm Fenster waren jetzt die Beeren der Eberesche rot. Vogelbeerbaum haben wir ihn genannt und Ketten aus den roten Beeren gefädelt."

Großmutter stöhnte und rang nach Luft. Mutter wußte bald nicht mehr, was sie erzählen sollte. Sie legte Großmutter die Hand beruhigend auf die Brust und fing an zu singen, all die alten Lieder und Balladen, die schon das Leben der Großmutter begleitet hatten.

*Großmutter liegt im Vogelbeerbaum*

„… Ein Reiter kam gezogen,
Hell flattert sein Haar im Wind.
Sag, bist du mir noch gewogen,
Herzallerliebstes Kind.
Und sie küssten sich beid
Zur Sommerszeit,
Wenn im Walde
Die Heckenrosen blühn …"

Etwas wie ein Lächeln huschte über Großmutters Gesicht, und ihr Atem wurde ruhiger. Draußen war es nun Nacht geworden. Die Sterne gingen auf und unter, und Mutter wachte lange, lange Stunden am Bett ihrer Mutter.

„Guck mal, Großmutter liegt im Vogelbeerbaum", sagte Anna plötzlich. Da merkte Mutter, daß auch sie eingeschlafen sein mußte. Es war noch dunkel, aber die ersten Vögel zwitscherten. Und draußen vorm Fenster lag Großmutter im Vogelbeerbaum, sanft gewiegt vom Morgenwind. Das Bett von Großmutter spiegelte sich in der Fensterscheibe. Darum sah es so aus, als läge sie draußen im Baum. Mutter nahm Großmutters Hand. Sie war nicht mehr warm, und Großmutter mußte nun nicht mehr nach Luft ringen. Sie hatte für immer aufgehört zu atmen.

„Wenn du stirbst, werde ich deine Hand halten", sagte Anna und schmiegte sich eng an Mutter an.

Zusammen sahen sie, wie langsam die Sonne aufging und den Horizont vergoldete. Je heller es draußen wurde, um so mehr verblaßte das Bild der Großmutter im Vogelbeerbaum, bis es schließlich ganz verschwunden war.

# Taubenbriefe

Fräulein Sommer war ihr Leben lang Lehrerin gewesen. Nun war sie pensioniert, und ehe ihre alten Beine ihr den Dienst versagten, fuhr sie noch einmal in ihr Lieblingsland. Das war Italien.

Noch einmal schaute sie sich die schönen Kirchen und Gemälde an, die Madonna mit dem Zeisig, den heiligen Franz von Assisi und den tapferen Ritter Guidoriccio da Fogliano.

Auch in die kleine Stadt der vielen Türme fuhr sie, die hoch auf dem Hügel liegt. Aber weil sie in den engen, steilen Gässchen nur noch schwer laufen konnte, blieb sie nur zwei Tage. In der ersten Nacht schlief sie fest und lange. Aber in der zweiten Nacht schlief sie schlecht und wachte schon um sechs Uhr in der Frühe auf.

Vor ihrem Fenster gurrten und flatterten die Tauben. Sie sah eine große Menge von ihnen auf dem gegenüber liegenden Dach und an der Giebelwand sitzen. Nach einer Weile bemerkte sie, daß die Tauben von dem Wasser tranken, das aus einer undichten Stelle aus der Leitung zu tropfen schien. Sie schubsten sich dabei gegenseitig weg, damit jede mal an das kühle Naß kam. Dadurch entstand das Geflatter und Gurren, das sie geweckt hatte.

Nachdem die Lehrerin dem Treiben eine Weile zugeschaut hatte, stand sie auf, zog sich an und ging hinunter in das Frühstückszimmer des Hotels. Als sie um acht Uhr in ihr Zimmer zurückkam, waren alle Tauben verschwunden.

„Merkwürdig", dachte Fräulein Sommer, packte ihre Koffer und fuhr wieder nach Hause.

Der Gedanke an das sonderbare Verhalten der Tauben ließ ihr aber keine Ruhe. So setzte sie sich schließlich hin und schrieb in

# Taubenbriefe

einwandfreiem Italienisch und ihrer wunderschönen Lehrerinnenhandschrift einen Brief an den Portier des Hotels. Sie habe in Zimmer 32 gewohnt, schrieb sie, und da habe sie die Tauben am gegenüberliegenden Giebel beobachtet, von sechs bis acht und so und so. Und nun wüßte sie doch zu gerne, ob das jeden Morgen so sei mit den Tauben. Und ob man nicht vielleicht diesem Nachbarn sagen müßte, daß seine Wasserleitung undicht sei?

Der Portier las den Brief und dachte: „Wieder so eine verrückte Touristin." Aber am nächsten Morgen um halb sieben ging er doch zum Flurfenster neben Zimmer Nummer 32 und schaute hinaus. Und tatsächlich! Am gegenüberliegenden Giebel wimmelte es von Tauben. Als er um acht Uhr wieder hinausschaute, waren sie verschwunden.

Nun wurde er neugierig und sah jeden Tag nach. Immer bot sich von sechs bis acht das gleiche Taubenschauspiel. Das schrieb der Portier dann auch an Fräulein Sommer nach Deutschland. Übrigens tropfe das Wasser nicht aus der undichten Leitung, sondern komme aus einem kleinen Rohr direkt aus der Wand. Um acht Uhr allerdings höre es auf zu tropfen. Darum kämen dann die Tauben auch nicht mehr. Nur ab und zu komme noch eine Nachzüglerin.

„Und Sie glauben nicht, wie komisch es aussieht", schrieb der Portier, „wenn diese Taube dann ihren Schnabel unter die Wasserstelle hält und nichts passiert. Dann dreht sie ihren kleinen Kopf verdutzt nach rechts und nach links so, als wolle sie sagen: Bin ich jetzt verrückt, oder seid ihr es?"

Über diesen Brief freute sich die alte Lehrerin sehr. Das schrieb sie auch dem Portier nach Italien, übrigens einem gewissen Signor Pedrello. Und sie fragte ihn, was es wohl mit dem kleinen Rohr auf sich habe, aus dem das Wasser tropfe.

Nach einer Weile antwortete Signor Pedrello und schrieb, er glaube, das kleine Rohr sei ein Wasserüberlaufrohr, und es tropfe nur so lange wie die Leute am Morgen die Dusche, die Badewanne und die Waschbecken benutzten. Das wüßten offenbar auch die Tauben. Darum kämen sie nur von sechs bis acht. Ob Signorina Sommer denn bemerkt habe, daß auch die Turmdohlen zu dem Wasser geflogen kämen. Anders als die Tauben würden sie beim Trinken immer den Schnabel nach oben recken, um das Wasser durch ihre Kehlen rinnen zu lassen, denn sie könnten offenbar nicht schlucken.

Auch diesen Brief fand Fräulein Sommer sehr interessant und fragte nun ihrerseits den Portier, wie das Ganze denn im Winter aussehen werde.

Signor Pedrello schrieb, daß er das jetzt noch nicht sagen könne. In seiner Gegend habe es vor zehn Jahren das letzte Mal gefroren und geschneit. „Aber jetzt mal abgesehen von den Tauben. Signorina Sommer erinnern sich doch sicher noch an Laetitia, die kleine Blonde, die immer das Frühstück serviert hat? Nun, sie hat geheiratet, und zwar den Sohn vom Cafe gegenüber. Die beiden wollen in Poggiobonsi zusammen eine Bäckerei eröffnen."

So erfuhr die alte Lehrerin im Laufe der Zeit noch viel aus der kleinen italienischen Stadt, die sie nun nicht mehr besuchen konnte. Signor Pedrello erfuhr seinerseits so einiges aus einer kleinen deutschen Stadt, die er nie sehen würde. Auch seine Knie waren nun alt und unbeweglich, und Fräulein Sommer schrieb, daß das Einreiben mit Immortellenöl Wunder wirke und die Schmerzen erheblich lindere.

Signor Pedrello wohnte jetzt in einem kleinen Zimmer neben Nummer 32, denn er arbeitete nicht mehr. Er war ein richtiger Tauben- und Dohlenkenner geworden. Eines Tages brachte die Post den letzten Brief zurück, den er an Fräulein Sommer nach Deutschland geschrieben hatte. „Unzustellbar, da verstorben" stand darauf. Signor Pedrello ließ es sich vom Postboten übersetzen.

Am nächsten Morgen sah er eine weiße Taube an den Wassertropfen nippen. Das wunderte ihn, denn weiße Tauben waren in dieser Gegend äußerst selten.

# Goldgrund und Abgrund

„Oma wird jetzt bei uns wohnen", sagt Mama eines Tages.

„Au fein", ruft Daniel, denn seine Oma ist eine lebhafte, unternehmungslustige Frau. Sie kommt immer mit einem Berg von Geschenken und Geschichten, und Daniel denkt, nun werde bald alle Tage Sonntag sein.

Aber Mama sagt: „Oma ist jetzt ein bißchen eigen. Wir müssen alle sehr geduldig mit ihr sein."

Darunter kann Daniel sich gar nichts vorstellen. Und als Oma dann kommt, erkennt er sie fast nicht wieder. Sie ist klein und blaß geworden. Keine Geschichten, keine Geschenke. Wenn Daniel zu ihr spricht, scheint sie kaum zuzuhören und wenig zu verstehen. Meistens bleibt sie in ihrem Zimmer. Dann hört man ab und zu ihr schrilles Lachen. Nachts weint sie manchmal laut. Daniel ist enttäuscht.

„Tut ihr denn was weh?" fragt er.

„Nein, eigentlich nicht."

„Warum weint sie dann so laut?"

„Weil sie halt spinnt", sagt Daniels große Schwester.

Mutter weist sie zurecht. Oma habe eine Alterspsychose, und weil Daniel sich darunter natürlich überhaupt nichts vorstellen kann, fügt sie hinzu:

„Als wir Kinder alle aus dem Haus waren und Opa so plötzlich starb, da war Omas Leben aus den Fugen geraten. Da hat irgendwas in ihrem Kopf klick gemacht, als ob eine Feder im Uhrwerk zersprungt. Und seitdem lebt Oma in ihrer eigenen Welt."

„Was denn für 'ne Welt?" will Daniel wissen.

„Das mußt du sie schon selbst fragen", sagt Daniels Schwester. „Von uns weiß das keiner."

„Geh du nur zu deinen Freunden spielen", sagt Mama, die Daniels Verwirrung bemerkt hat. Und seine schnoddrige aber gutmütige Schwester sagt:

„Du kannst aber auch mit mir einkaufen kommen. Ich brauch jemanden zum Tütenschleppen."

Aber zu alledem hat Daniel keine Lust. Er läuft in den Garten. Da sitzt Oma auf der weißen Gartenbank zwischen all den Sommerblumen und unterhält sich mit einem, den man nicht sieht. Außerdem strickt sie an einem Socken, der jetzt aber schon einen Meter lang ist. Sicher ist der für jemanden aus der „eigenen Welt".

Eben lacht Oma wieder herzlich und nickt dann zustimmend. Daniel gruselt sich ein bißchen. Aber zugleich ist er auch sehr neugierig. Weil Oma so lieb aussieht, nimmt er sich schließlich ein Herz und setzt sich neben sie auf die sommerlich warme Bank. Oma sieht ihn freundlich an und strickt dann weiter.

„Du Oma, warum lachst du denn immer nur so?" fragt Daniel nach einer Weile.

„Ich lache nicht nur so. Ich lache nur, wenn sie mir etwas Komisches erzählen."

„Wer?" fragt Daniel und sieht sich um.

„Na sie!" sagt Oma leise und winkt Daniel zu sich heran. „Kannst du schweigen?"

Daniel nickt und rutscht näher zu Oma.

„Es sind zwei. Sie heißen Goldgrund und Abgrund. Abgrund sagt, ich dürfe niemandem davon erzählen. Er verbietet es mir einfach. Aber Goldgrund sagt, so jemandem wie dir dürfe ich es schon sagen."

„Was denn?" fragt Daniel und ist ganz Ohr.

„Komische Sachen eben", berichtet Oma. „Zuerst ging's immer um diesen Löwen. Und dann war's der Elefant. Da könntest du auch nicht ernst bleiben."

„Was denn für'n Löwe?"

„Du kennst doch das Bild in euerm Wohnzimmer, von der Frau und dem Löwen. Abgrund sagt, das sei eine Wahrsagerin und sie sage dem Löwen etwas wahr. Sie sage zu ihm: ‚Du wirst eine Wahrsagerin fressen.' Und da mache der Löwe happ."

Daniel lacht. „Fressen Löwen denn Wahrsagerinnen?"

„Das hat Goldgrund auch gefragt. Und der Löwe hat gesagt: ‚Ich habe noch nie einen Menschen getroffen, den ich nicht leiden konnte.'"

„Aber wenn der Mensch in einem Auto sitzt?" fragt Daniel.

„Dann ruft der Löwe: ‚Her mit dem Dosenöffner!' Aber Abgrund sagt: ‚Wenn der Mensch nun schießt?' Und da sagt Goldgrund ganz feierlich: ‚Menschen, die auf Löwen schießen, sind nicht wert, die Weltherrschaft zu übernehmen!'" Und leise fügt Oma hinzu: „Und dann schämt sich der Mensch."

Jetzt weint Oma ein bißchen, und Daniel findet das auch traurig, obwohl er nicht genau weiß, warum. Mama kommt und holt die beiden zum Essen rein. „Du solltest mal einen neuen Strumpf anfangen", sagt sie und nimmt Omas Strickzeug. Aber Oma sagt energisch:

„Davon verstehst du nichts, Kind."

Am Abend hört Daniel, wie seine Mutter zu seinem Vater sagt:

„Ich mache mir Sorgen um den Jungen. Vielleicht war es doch nicht richtig, meine verrückte Mutter mit ins Haus zu nehmen."

Daniel läuft ins Zimmer und ruft: „Sie ist nicht verrückt. Sie hat nur einen ganz besonderen Kopf."

„Einmal sagte Goldgrund zu Abgrund: ,Ich werde nie wieder darüber lachen, daß du immer mit einem Elefantengewehr rumläufst'", erzählt Oma am nächsten Tag auf der Gartenbank.

„Warum hat er das denn gesagt?" erkundigt sich Daniel und freut sich schon auf die Elefantengeschichten.

„Na, weil, als sie von einem Spaziergang nach Hause kamen, gerade ein Elefant durch die Wohnung trampelte."

„Hat Abgrund ihn erschossen?" fragt Daniel besorgt.

„Nein. Zu spät. Es war schon alles kaputtgetrampelt. Goldgrund hat laut geweint."

„Ich glaube, das hab ich gehört", sagt Daniel.

„Aber Abgrund hat gesagt: ,Weine nicht, Goldgrund. Du mußt bedenken, daß die meisten Unfälle zu Hause passieren.'"

Und dann berichtete Oma, daß sie den Elefanten behalten hätten, als Haustier. Als Kopftier sozusagen. Und Daniel könne sich wohl denken, was für Kopfschmerzen ihr das oft mache.

„Warum hast du den Elefanten dann nicht wieder rausgetan, aus deinem Kopf?" fragt Daniel.

Sie hätten ja alles versucht, sagt Oma. Goldgrund habe ihm ein goldenes Halsband umgebunden und ihn zu Herrn Baumann geführt.

„Zu dem von der kleinen Zeitungsbude?" fragt Daniel erstaunt.

„Ja, genau. Goldgrund hat ihn gefragt, ob er einen Elefanten brauchen kann. Aber weißt du, was Herr Baumann gesagt hat? ‚Danke nein, ich hab schon einen.'"

Daniel und Oma lachen. Aber Daniel denkt: ‚Hoffentlich weiß Mama nichts von dem Ausflug zu Herrn Baumann.'

„Goldgrund hat dann den Elefanten wieder nach Hause getragen", fährt Oma fort. „Aber das hätte er nicht tun sollen, hat Abgrund gesagt. Damit verwöhne man einen Elefanten nur.

Jetzt beklagt sich der Elefant oft, daß es so eng in der Wohnung ist. Abgrund hat gesagt: ‚Wir kaufen Oma einen neuen Kopf, wenn wir es uns leisten können, aber keine Minute früher.' Jetzt habe ich ziemlich Angst, und das Kopfweh wird immer schlimmer. Das kannst du mir glauben."

Daniel hat Mitleid mit Oma. Darum sagt er zu Mama, sie solle mal mit Oma zum Arzt gehen, damit das Kopfweh besser werde. Und das tut Mama dann auch.

„Du bist mir eine richtige Hilfe bei Oma", sagt sie zu Daniel.

Aber Oma ist mit dem Doktor irgendwie nicht zurechtgekommen. Das erzählt sie am nächsten Tag ihrem Enkel: „,Wie fühlen Sie sich?' hat er gefragt. Und der Elefant hat geantwortet: ‚Eng, furchbar eng hier drin. Zappenduratzelig eng.' Da hättest du doch auch gelacht, oder?"

Daniel bestätigt das.

„Der Doktor hat aber nicht gelacht; er hat ganz ernst geguckt und gefragt: ‚Fühlen Sie sich nicht wohl?' Und ehe ich antworten konnte, sagte schon der Elefant: ‚Ne, die Oma da unter mir, die ist mir einfach viel zu schmächtig.' Da haben wir alle vier gelacht. Und der Doktor hat ganz verwirrt geguckt und gefragt, warum ich jetzt lache. Aber das durfte ich ihm ja nicht sagen."

„Weil Abgrund es dir verboten hat, gell?" Daran erinnert Daniel sich.

„Na, jedenfalls hat der Doktor mir Tabletten gegeben. Aber die hat der Elefant wohl nicht gemocht. Er ist weggegangen."

Oma scheint darüber ein bißchen traurig zu sein, und Daniel fragt, ob sie denn nun gar kein Haustier mehr habe.

„Doch", sagt Oma. „Goldgrund hat jetzt einen fliegenden Fisch. Das ist eigentlich viel besser. Vor allem, weil er nicht so groß ist und keine Kopfschmerzen macht. Gerade jetzt fliegt er wieder in meinem Kopf herum. Hör doch mal!"

„Ich hör nix", sagt Daniel.

Oma schlägt vor, daß er sein Ohr an ihres lege. Vielleicht könnten sie dann zusammen hören. Leider hört Daniel auch dann nichts. Aber die feinen Bewegungen des fliegenden Fisches kann er fühlen.

„Jetzt schau dir das an", sagt der Vater und ruft seine Frau ans Fenster. Zusammen sehen sie in den Garten. Zwischen Malven und Rittersporn kniet ein kleiner Junge auf der Gartenbank neben einer alten Frau. Er hat seine Arme um sie gelegt und sein Ohr an ihres. Zusammen scheinen sie zu lauschen, und von Zeit zu Zeit lachen sie.

„Ein Bild, wie auf Goldgrund gemalt".

# Die Geschichten der sieben Tiere

„Na, was fehlt dir denn, Benny?" fragte der Kinderarzt den kleinen Jungen, der blaß und traurig vor ihm saß.

„Weiß nicht", sagte Benny.

Der Arzt sah zu Bennys Mutter rüber, und die sagte: „Der Bub schläft mir nimmer, Herr Doktor. Könnten Sie ihm vielleicht ein Schlafmittel verschreiben?"

„So, du schläfst nicht mehr", wandte sich der Arzt wieder an Benny. „Jetzt erzähl doch mal. Schläfst du überhaupt nicht mehr?"

Benny hatte ein hohe, piepsige Stimme. „Ja, ich kann und kann nicht schlafen", klagte er.

„Überhaupt nicht? Die ganze Nacht nicht?" wollte der Arzt wissen.

„Na ja, irgendwann schläft er dann schon ein", sagte die Mutter. „Denn wenn ich dann nach Hause komme, vom Spätdienst, dann schläft er. Aber der Babysitter sagt, er weine davor so viel und wälze sich ewig im Bett rum."

„Du kannst also schwer einschlafen?" Der Arzt wandte sich wieder an Benny. Der nickte.

„Ja, ich kann gar nicht mehr einschlafen."

Jetzt wollte der Arzt wissen, wie lange das denn schon so gehe und wie es denn vorher gewesen sei. Zwei Monate gehe das schon so, erfuhr er. Seit dem Tag, an dem der Opa gestorben sei. Vorher habe Benny immer gut schlafen können.

„… weil der Opa ja abends immer da war und mir was erzählt hat. Und ohne Erzählen kann ich eben nicht einschlafen. Weil, der Opa wußte ja so viel, weil der ja schon so lange gelebt hat", sagte Benny ganz lebhaft. Aber dann wurde er wieder traurig. „Und jetzt ist der Opa tot. Und keiner weiß mehr so viel."

Erst jetzt bemerkte die Mutter, daß zwischen dem Abschied vom Opa und dem Nichtschlafenkönnen ein Zusammenhang bestand.

„Kannst du dir denn vorstellen, Benny, daß deine Mutter mal eine Oma ist und du ein erwachsener Mann bist?" fragte der Arzt. Aber Benny schüttelte energisch den Kopf.

„Und kannst du dir vorstellen, daß du einmal ein Großvater sein wirst und deinem Enkelsohn Geschichten erzählst?"

Benny lachte ein bißchen. „Aber es ist doch gar kein Enkel von mir da."

„*Noch* ist keiner da, sowie dein Opa *nicht mehr* da ist. Aber mit jeder Nacht wirst du älter. Bald bist du ein großer Mann, und eines schönen Abends bist du dann ein Opa, der auch viel weiß."

Benny machte ein sehr nachdenkliches Gesicht. „Ganz von allein?" fragte er dann.

„Na, so ganz von allein nicht. Etwas mußt du schon dazu tun. Zum Beispiel Geschichten erzählen lernen."

Bennys Mutter wurde unruhig. Die Zeit rannte ihr davon.

„Herr Doktor, gäbe es vielleicht ein paar leichte Schlaftabletten für das Kind? Ich habe doch alle vierzehn Tage Spätdienst. Ich kann das dem Babysitter nicht zumuten. Und selbst wenn ich da bin, braucht Benny Stunden zum Einschlafen."

„Ich habe da etwas Besseres. Ich werde dem Benny sieben kleine Gummitierchen verordnen."

„Ach, gibt's die Tabletten jetzt schon in Tierchenform?" fragte die Mutter. Der Arzt hatte sich schon wieder dem Jungen zugewandt.

„Schau mal, da drüben ist ein Kasten. Da kannst du dir sieben Gummitierchen raussuchen. – Ja, geh nur, da, auf dem Tisch. Das wird schon recht, auch ohne Tabletten. Warten Sie's nur ab."

Der Arzt gab der Mutter beruhigende Erklärungen, während Benny sich sieben Tierchen raussuchte: einen Elch, einen Löwen, eine Maus, einen Affen, einen Igel, einen Raben und einen Hasen.

„Weißt du, diese Tiere können auch nicht schlafen. Das kommt, weil ihnen niemand was erzählt. Nimm also immer eins von den Tieren mit in deiner Tasche. Und abends im Bett erzählst du dann den andern, was ihr beide erlebt habt, ja? – Wenn alle Tiere dran waren, dann kannst du mich wieder besuchen."

„In einer Woche, also, denn die Woche hat ja sieben Nächte", sagte Benny und zählte noch einmal seine Tiere.

Am nächsten Tag ging Benny raus spielen. Im Nachbarhof hackte der brummige Herr Pauli aus Ostpreußen sein Brennholz. Sonst war niemand zu sehen. Benny ging also zu ihm und sagte:
„Du, Herr Pauli, kennst du Elche?"
Er mußte es zweimal sagen, ehe Herr Pauli ihn verstand.
„Natürlich kenne ich Elche. Aber hier gibt's ja keine."
„Wo gibt's denn welche?"
„Na, in Ostpreußen und in Kanada und noch an ein paar Stellen."
„Sind die groß?"
„Aber ja. 400 Kilo kann ein Elch wiegen. Sein Geweih allein wiegt schon 20 Kilo."
„Was frißt er denn, daß er so schwer wird. Frißt er Fleisch?"
„I bewahre", sagte Herr Pauli und berichtete, daß Elche Blätter und Moss fressen. Darum wohnten sie ja auch in Laubwäldern und Torfmooren. Am liebsten fräßen sie Birkenblätter, sagte er. Dann auch Eschen- und Erlenblätter und natürlich Pappelblätter; die würden sie mit ihren großen, starken Oberlippen abreißen.
„Der hat doch so eine mächtige Oberlippe, weißt du?", sagte Herr Pauli.
„Ja, so eine wie du, gell?" sagte Benny.
Da mußte der brummige Herr Pauli lachen. „Weißt du denn überhaupt wie ein Elch aussieht?"
Benny zeigte ihm seinen kleinen Gummielch, den er heute in der Hosentasche mitgenommen hatte.
„Hoch, ist der niedlich", sagte Herr Pauli, der schon lange

nicht mehr Holz hackte. „Weißt du, wie man einen Elch nennt, wenn er klein ist?"

„Vielleicht Elchle", schlug Benny vor.

Aber Herr Pauli erklärte ihm, daß der Elch zuerst Kalb heiße, im zweiten und dritten Jahr Spießer, im vierten Gabler, und ab dem fünften Jahr Schaufler. Erst geringer Schaufler, dann guter Schaufler, und schließlich kapitaler Schaufler, denn dann habe er ein riesiges Schaufelgeweih. „Aber das wirst du dir nicht alles merken können."

Benny konnte jedoch alle Namen wie am Schnürchen aufsagen.

„Gut gemacht, Junge. Aus dir wird mal ein Forstmeister."

„Ne, ein Geschichtenerzähler", sagte Benny.

„Ein Geschichtenerzähler? Ne, ne, damit ist kein Brot zu verdienen." Herr Pauli schien fast ein bißchen enttäuscht. Aber Benny bedankte sich höflich für die schöne Elchstunde und lief nach Hause. Am Abend im Bett breitete er seine sieben Tier aus und erzählte ihnen alles, haarklein. Er wußte am andern Morgen nicht, ob er oder der Elch zuerst eingeschlafen war. Jedenfalls verlangte er Salat oder Mus zum Frühstück, um einige Kilo zuzulegen. Die Mutter wunderte sich darüber. Und noch mehr wunderte sie sich, daß der brummige Herr Pauli so viel mit Benny gesprochen hatte.

Als nächstes erzählten Löwe und Maus eine Geschichte gemeinsam. Benny hatte sie von seiner Mutter. Mutter konnte zwar keine Geschichten erzählen, aber diese kannte sie noch aus ihrer Schulzeit und erzählte sie Benny etwas durcheinander in der Straßenbahn. Als Benny und der Löwe sie am Abend im Bett den andern weitergaben, klang es ungefähr so:

„Es war einmal ein dicker Löwe, der lag in der Sonne und schlief. Da fiel eine unvorsichtige Maus von der Mauer, wo doch ihre Mutter ihr verboten hatte, zu klettern. Sie fiel dem Löwen direkt zwischen die Tatzen, und da wachte der auf. Die Maus hatte natürlich große Angst und piepste: ‚Bitte, bitte tu mir nichts; ich will dir auch mal helfen, wenn du in Not bist.' Na, da mußte der Löwe aber lachen. Trotzdem war er ein gutmütiger Löwe und ließ die Maus hopsen. Er wäre sowieso nicht von ihr satt geworden. Aber später ging der Löwe einmal spazieren, paßte nicht auf und fing sich in einem großen Netz. Ach, da hat der Löwe aber geweint und gebrüllt und getobt. Aber es nutzte alles nichts Das Netz war zu fest. Der Löwe wollte schon verzweifeln, da kam die kleine Maus angetrippelt. Und mit ihren geübten Nagezähnchen zernagte sie das Netz. Da war der Löwe frei und bereute, die Maus mal ausgelacht zu haben. Aber sie blieben immer Freunde, bis heute."

Am nächsten Morgen wußte Benny gar nicht mehr, bis wohin er die Geschichte erzählt hatte. Er fragte den Löwen. Aber der wußte es auch nicht. Diesmal nahm Benny den Hasen mit, und ihr werdet sicher wissen, daß dessen Geschichte auch etwas mit dem Igel zu tun hatte.

Nach sieben Tagen ging Benny wieder mit seiner Mutter zum Kinderarzt. Nicht, weil er nicht schlafen konnte, sondern nur, weil er noch einmal sieben andere Tiere haben wollte, um neue Geschichten zu erfahren und zu erzählen.

Ihr werdet's kaum glauben, aber als Benny mir diese Geschichten erzählte, da war er doch tatsächlich selbst schon Großvater geworden.

# Die himmlischen Dosen

Herr Braumüller war ein angesehener Rechtsanwalt und Gemeinderat gewesen. Darum kamen jetzt viele Menschen in die Friedhofskapelle, um Abschied von ihm zu nehmen. Doch jeder, der an den offenen Sarg herantrat, stutze, und ging dann etwas verwirrt weiter.

Am Fußende des Sarges lagen zwischen all den Blumen zwei leere Spinatdosen. Sie waren mit einem Bindfaden zusammengebunden. Und das war wohl die merkwürdigste Grabbeigabe, die es in Nufringen je gegeben hatte. Und noch etwas fiel auf: Herr Braumüller lag im Sarg mit einem Lächeln auf dem Gesicht, so als sei er höchst zufrieden mit allem, was um ihn herum geschah.

Neben dem Sarg standen seine beiden Enkelkinder Wolfi und Minzi. Ehe der Sarg geschlossen wurde, um zu Grabe getragen zu werden, streichelten sie ihrem Großvater noch einmal über das ergraute Haar und flüsterten ihm etwas ins Ohr. Darauf schien er noch mehr zu lächeln.

„Was habt ihr euerm guten Großvater noch gesagt?" fragte Frau Gärtlein mitleidig und auch neugierig.

„Opa ist nun für immer entschlafen", antwortete Minzi, ein wenig altklug. Und dann fügte sie leise und verschmitzt hinzu: „Aber sowie die Beerdigung vorbei ist, wird er sich heimlich mit seinen Dosenstelzen davonmachen."

Verwirrung spiegelte sich auf Frau Gärtleins gutmütigem Gesicht. „Was meinst du denn damit, Kind?" fragte sie besorgt.

Aber das zu erklären ging über Minzis Kräfte. Sie war ja schließlich erst fünf, und Wolfi war auch nicht viel älter. So erfuhr Frau Gärtlein erst sehr viel später, was in der Familie Braumüller alles vorgefallen war, ehe der Großvater so plötzlich starb.

## Die himmlischen Dosen

Alles hatte damit angefangen, daß Mama keine Zeit hatte, um mit Wolfi und Minzi in die Schulferien zu fahren. Da blieb als letzte Rettung mal wieder nur die Oma.

„Ich will aber nicht zu Oma", sagte Wolfi.

„Ich auch nicht", sagte Minzi.

Mama packte die kleinen Koffer. Fünf Hemden, drei Hosen, sieben Socken für jeden. Das müßte reichen.

„Ich hab gesagt, ich will nicht zu Oma", fing Wolfi wieder an.

„Ich auch nicht", sagte Minzi.

Fünf Unterhemden, fünf Unterhosen, die Turnschuhe.

„Gib mal den Badeanzug rüber, Minzi."

„Oma kann nicht rennen und nix", maulte Wolfi.

„Und immer muß man langsam gehen und artig sein", sagte Minzi.

„Und andauernd hat sie Angst, daß einem was passiert."

„Ja, nix darf man. Nicht klettern und nix!"

Mama packte weiter und schien gar nicht hinzuhören. Jetzt war der eine Koffer fertig, und sie klappte ihn zu. „Oma kann sehr schön backen und kochen und hat viele Spiele und Bücher", sagte sie so nebenbei.

Wolfi versuchte es noch einmal: „Aber schmatzen und schlürfen darf man bei ihr nie, und immer muß man grade sitzen."

„Ja immer!"

„Minzi hör doch mal auf, dem Wolfi immer hinterherzuplappern." Mama war jetzt ärgerlich. Sie bekam das Schloß am zweiten Koffer nicht zu. Und dann klingelte es auch schon an der Tür. Oma kam, um die Kinder abzuholen.

„Pack nicht so viel ein, Lilo", sagte sie zu Mama. „Ich kann ja auch mal zwischendurch waschen."

## Großeltern

Mama streichelte Oma dankbar die Hand. Wolfi merkte, daß sie irgendwie müde war. Er ging in die Küche und stellte die Kaffeemaschine an. Minzi stieg auf einen Stuhl und holte die Tassen runter. „Sei jetzt aber ruhig", sagte sie zu ihrem Bruder.

Dann tranken alle zusammen Kaffee oder Milch, und Oma sagte: „In unserm großen Garten wird es euch jetzt gefallen. Und denkt mal, Opa ist jetzt pensioniert."

„Was ist denn psioniert?" fragte Minzi.

Als die Kinder erfuhren, daß Pensionierte nicht mehr zur Arbeit gehen müssen, schlugen sie vor, daß Mama jetzt auch pensioniert sein sollte. Das schien nicht zu gehen. Aber das mit Opa war ja nun auch schon ziemlich schön.

„Kann ich eine Honigsemmel?" fragte Minzi am nächsten Morgen.

„Werden?" Opa lachte. Das war ein uralter Spaß.

Aber Oma hatte schon eine Semmel vorbereitet.

„Heute morgen, als ich aufgewacht bin, da war die Wand auf der falschen Seite. Da wollte ich beinahe in die Wand rein aufstehen", berichtete Wolfi und nahm sich schrecklich viel Müsli.

Oma erklärte Opa, wie er den Haushalt zu machen habe, denn sie wollte heute mit dem Kirchenchor wegfahren.

„Du Oma ..." sagte Minzi.

„Gleich, Kind!"

Oma fragte Opa, was er heute kochen wollte.

„Na vielleicht Ei im Grünen", sagte der. Wolfi freute sich, denn er dachte, das sei etwas mit Picknick. Aber Opa erklärte ihm, daß das Spinat mit Spiegelei sei. Und den Namen habe sich die Mama ausgedacht. Als sie noch klein war, versteht sich.

„Mochte die denn Spinat?" Wolfi konnte das kaum glauben.

„Du Oma ..." sagte Minzi.

„Jetzt sei mal einen Moment ruhig, Kind", sagte Oma und erklärte Opa, daß das Spinatputzen ziemlich viel Mühe mache.

„Na, ich kann ja auch eine Dose kaufen", sagte Opa, und Oma wollte ihm das ausreden.

„Du Oma…" sagte Minzi.

Oma wurde ganz ärgerlich. „Wenn du jetzt noch ein einziges Mal Oma sagst, dann gehst du raus."

Da machte Minzi ihre Stimme ganz klein und fein und sagte: „Könnte ich bitte noch eine Honigsemmel haben, Frau Braumüller?"

So war Minzi. Man konnte ihr einfach nicht böse sein.

Nach dem Frühstück stand Oma in Hut und Mantel da und sagte: „Ich muß jetzt gehen. Hoffentlich schaffst du es, Opa!" Sie lachte." Es ist ja nicht leicht mit den Enkelkindern und allem."

„Aber klar doch", sagte Opa und versuchte Oma sanft zur Tür hinauszuschieben. Oma hatte irgendwie viel mehr Angst als Opa, daß alles nicht klappen könnte. Sie wollte beinahe nicht gehen. Am Gartentor drehte sie sich noch einmal um und sagte: „Wenn du einkaufen gehst, schau auch im Kühlschrank nach, ob was fehlt."

„Tschühüs", rief Opa und machte die Tür zu.

„So! jetzt mal rann an den Speck!" sagte er dann zu den Kindern und rieb sich die Hände.

„Was denn fürn Speck?" fragte Minzi.

Opa erklärte, daß das so eine Redensart sei, wenn man etwas Besonderes machen wolle. Aber was das jetzt eigentlich sein sollte, das wußte er auch nicht so genau. „Ich habe ja immer nur im Büro gearbeitet", sagte er entschuldigend.

„Und jetzt bist du psoniert. Und Oma sagt, darum bist du oft primiert. Ist das was Schlimmes?"

„Ach Minzi", sagte Opa und seufzte. „Das Wort heißt deprimiert und bedeutet traurig. Es ist eben nicht so leicht, sich auf eine neue Lebensart einzustellen."

„Meine Schule ist auch eine neue Lebensart", sagte Wolfi. Er verstand seinen Opa.

„Paperlaplum paperlaplap
Wir haun ab, wir haun ab."

Opa fing plötzlich an zu singen, nahm einen Einkaufskorb und rannte zur Tür hinaus.

„Renn doch nicht so", rief Wolfi. Aber Opa sagte, er renne nicht, er mache Jogging, und das mache jeder, der etwas auf sich halte.

„Was hälts du denn auf dich, Opa?" fragte Minzi.

Opa mußte sich erst wieder an die „Lebensart" mit Kindern gewöhnen.

„Paperlapap", sagte er, gab Wolfi den Korb, nahm an jede Hand ein Kind und hopste mit ihnen die Straße entlang zum Laden.

„Ei im Grünen, Ei im Grünen.
Äpfel, Nüsse und Rosinen,
Mandarinen, Mandarinen,
Und natürlich Apfelmus,
Weil Minzi so viel essen muß."

„Gar nicht", sagte Minzi. „Das ist der Wolfi, der immer so viel ißt."

Jetzt waren sie im Laden angekommen. Minzi hatte das Regal mit den Eiern entdeckt. Während sie eine Schachtel rausnahm, fiel die andere runter. Rührei. Aber Opa lachte nur, schob die Schach-

## Die himmlischen Dosen

tel unauffällig unter das Regal zurück und sagte: „Weißt du, was die Henne zum Kücken sagte, als es gerade sein Ei zerpickte, um rauszuschlüpfen? ‚Kaum geboren und schon alles kaputt machen!'"

Dann nahmen sie Kartoffeln und Zwiebeln, Milch und Joghurt und saure Sahne.

„Opa, hier sind die Dosen", rief Wolfi und ließ gleich eine zu Boden fallen. Minzi stellte sich drauf und rief: „Jetzt bin ich so groß wie der Wolfi."

„Ne, jetzt nicht mehr", sagte Wolfi und stellte sich ebenfalls auf eine. Es dauerte einen Moment, bis Opa verstanden hatte, daß es sich hier um Dosen mit Spinat handelte.

„Halt", rief er, als Minzi schon wieder ins Regal griff.

„Das sind doch keine Laufdosen. Gebt mal her."

Aber dann fiel ihm etwas ein:

„Als eure Mama klein war, da habe ich ihr Dosenstelzen gemacht." Und weil die Kinder nicht wußten, was das war, stellte er ihnen unter jeden Fuß eine Dose und erklärte, daß man Löcher reinbohren und Bindfaden durchziehen müsse. So Schlaufen, die man dann in die Hände nähme.

„Aber dann fließt doch der ganze Spinat raus?" sagte Minzi.

Opa erklärte gerade, daß sie natürlich zuerst den Spinat rausessen würden, da kam die Verkäuferin. „Was machen Sie denn da am Fußboden?" fragte sie.

Opa versuchte zu erklären, daß er den Kindern gerade zeige, wie Dosenstelzen funktionierten. Aber die Verkäuferin hörte gar nicht zu.

„Die Kinder können doch nicht einfach auf den Dosen rumtreten. Jetzt müssen Sie sie auch kaufen."

„Natürlich", sagte Opa. „Das wollen wir ja gerade. Vier Dosen Spinat, bitte."

„Sechs", rief Wolfi. „Du hast doch auch zwei Füße. Hast du die vergessen?"

„Wird bei Ihnen der Spinat mit den Füßen gegessen?" fragte die Verkäuferin und hoffte, daß diese merkwürdigen Menschen bald den Laden verlassen würden. Das taten sie auch. Und zwar singend: „Ei im Grünen, Ei im Grünen..."

Der Tag ging so herrlich weiter, wie er angefangen hatte. Opa schüttete den Spinat aus sechs Dosen in einen Topf. Die Kinder wuschen die Dosen aus. Dann wurden in Opas Werkstatt Löcher gebohrt und Bindfäden in jeweils der richtigen Länge durchgezogen.

Na, und dann ging's erst richtig los. Erst laufen und dann wettlaufen lernen. Auf Steinfußboden machte es besonders schön Krach.

Als Oma am Abend nach Hause kam, sah sie als erstes den großen Topf mit Spinat.

„Was ist denn das?" rief sie. „Wollte euer Großvater ein ganzes Kinderheim ernähren?"

„Ne", riefen die Kinder vergnügt. „Das war doch nur wegen den Dosen." Und sie zeigten der Oma stolz ihre Dosenstelzen.

Oma mußte schmunzeln. „Typisch Opa", sagte sie. „Wo ist er überhaupt?"

„Er macht sein Mittagsschläfchen", sagten die Kinder.

„Jetzt um sechs? Da muß ich ihn aber mal wecken", sagte Oma und ging nach oben. Lange kam sie nicht wieder.

Endlich gingen die Kinder auch nach oben. Opa saß in seinem Lehnstuhl. Er schlief und lächelte dabei. Und hinter ihm stand Oma und hatte die Hände auf seine Schulter gelegt.

„Euer Opa ist für immer eingeschlafen", sagte sie, und die Tränen liefen wie zwei kleine Bäche aus ihren Augen und über die

Wangen. Liefen einfach so und tropften auf die Bluse. Immerzu, ohne daß Oma richtig geweint hätte, so wie Kinder weinen.

Wolfi und Minzi waren ratlos.

Zum Glück kam Mama am selben Abend und erklärte ihnen alles.

Es klingt komisch, aber noch viele Jahre hielten Wolfi und Minzi diesen Tag, an dem ihr Opa gestorben war, für den schönsten in ihrem Leben. Sie glaubten fest, daß er wieder eine neue Lebensart gefunden hatte. In Ihren Gedanken sahen sie immer den fröhlichen alten Mann, wie er singend mit seinen Spinatdosen über die Wolken wanderte.

# Gewaltsamer Tod

## Blumen im Hof

Kasimiera Daujotiene lebte in dem kleinen Dorf Silkaluiai in Litauen. Letztes Jahr ist sie gestorben. Bevor sie starb sagte sie: „Paßt mir auf den Jungen auf!"

Zuerst wußte niemand im Haus, was sie damit gemeint hatte. Es gab keinen Jungen. Kasimiera hatte allein gelebt, mit ihren Tieren und Blumen, im Hof und in der kleinen Stube. Ihre Nachbarn waren junge Leute, aus einer anderen Gegend zugezogen. Alle hatten Kasimiera gut leiden können. Auch weil sie so schöne Lieder sang. Aber von einem Jungen wußte niemand etwas. Schließlich kam ein Nachbar, der ebenso alt war wie Kasimiera. Der wußte, was sie gemeint haben könnte.

Er führte alle zu einer Ecke im Hof. Dort war ein kleines, ganz erstaunlich schönes Blumenbeet:

Rosen, Lilien, Vergißmeinnicht und Dalien. „Da ist der Junge", sagte er.

„Wie das?" fragten die anderen.

Da erzählte der alte Mann, wie der Krieg über das Dorf gezogen war, hin und her und her und hin. Schließlich habe man gar nicht mehr gewußt, wer, wann, was und wohin, wer Feind, wer Freund und das und was.

Kurz bevor der große Krieg zu Ende ging und überall die Armut zurückließ, sei hier im Dorf noch einmal mächtig geschossen worden. Hier im Hof auch. Das könne man da noch an der Hauswand sehen. Der alte Mann deutete auf die Einschußlöcher, die schon halb von den wilden Weinranken überwuchert waren.

Dabei sei der Junge getroffen worden, erzählte er weiter. Ein deutscher Soldat, aber dem Alter nach noch ein Kind. Viel zu dünn und klein für Stahlhelm und Uniform. Er habe nach seiner Mama gerufen. Und da sei Kasimiera aus dem Haus gerannt, mitten durch den Kugelhagel. Sie habe den Jungen in die Arme genommen, als Ersatzmutter sozusagen, und habe ihn in den Schutz der Mauer getragen. Mit ihrer Schürze habe sie versucht das Blut zu stillen, habe liebevoll auf ihn eingeredet und ihn singend hin- und hergewiegt. So sei er dann ganz ruhig eingeschlafen, lächelnd. Eben wie ein Kind.

Hier! In der Ecke des kleinen Hofes. Und der alte Mann wies noch einmal auf das Blumenbeet, das jetzt friedlich in der Sonne lag. Die Bienen summten in den Blüten.

Alle schwiegen ein Weile, und dann fragte einer: „Wie hieß er denn?"

Aber das wußte niemand, hatte hier niemand je gewußt.

„Wir haben ihn hier begraben", sagte der alte Mann nur, „49 Jahre lang hat Kasimiera das Grab mit Blumen geschmückt. ‚Das arme Jungchen kennt ja hier keine Menschenseele', hat sie gesagt. ‚Und auch eine Seele braucht Liebe.'"

Die jungen Leute sahen einander verwundert an, sahen die Blumen an und den alten Stuhl, der nun verlassen neben dem Blumenbeet stand.

„Wir haben Kasimiera oft hier sitzen sehen", sagten sie. „Und wir haben sie auch singen hören. Aber wir wußten nicht, daß dies ein Grab ist. Für uns waren es schöne Blumen und schöne Lieder."

So vergeht der Krieg.

## Warum muß Wasser fließen?

Manchmal weiß man nicht, warum etwas so ist, wie es ist, weil man immer nur den geraden Weg denkt. Aber fließt Wasser vielleicht gleichmäßig und gerade? Niemals.

Es vermag alle Formen dieser Erde anzunehmen, feste, flüssige und sogar gasförmige und bleibt doch immer Wasser. Es wandelt sich, und es fließt, damit es sich wandelt, denn Verwandlung ist seine Natur.

Ich möchte euch eine Geschichte erzählen, und das ist kein gerader Weg. Diese Geschichte habe ich nach dem letzten großen Erdbeben gehört. Alle Welt sprach davon. Aber über die Fähigkeit der Menschen, eine so große Katastrophe überstehen zu können, sprach keiner. Es werden ja nicht nur Häuser zerstört, sondern auch Leben. Auch das Leben derer, die überleben, wie man so sagt, bleibt ja nicht das gleiche.

Das Erdbeben hatte ganze Dörfer verwüstet. Einige Menschen hatten sich retten können, aber andere nicht. Viele irrten auf der Suche nach ihren Lieben umher. Suchtrupps kamen und versuchten die Menschen aus den Trümmern zu bergen. Alle halfen einander. Sie lauschten auf Klopfzeichen, die vielleicht aus igendeinem Keller kämen, und arbeiteten gemeinsam an der Befreiung der Eingeschlossenen. Flugzeuge brachten Zelte, Decken, Nahrung und Medizin. Es entstand eine Zeltstadt. Und eines der Zelte diente als Krankenhaus. Viele Leute hatten Knochenbrüche, Prellungen oder einen Schock.

In einem kleinen Haus, das abseits vom Dorf stand, lebte ein Vater mit seinem kleinen Sohn. Zur Zeit des Erdbebens war der Vater nicht zu Hause. Er arbeitete in der Stadt als Verkäufer. Sowie das Beben begann, rannte er nach Hause. Er rannte den ganzen Weg. Nur einmal mußte er sich niederlegen, als das Nachbeben zu stark wurde.

„Wohin rennst du?" rief einer. „Sei vorsichtig."

Aber der Mann rannte weiter, so schnell er konnte.

Als er endlich zu Hause ankam, lag sein Haus in Trümmern. Er schrie um Hilfe, aber die anderen Häuser waren zu weit entfernt, und jeder hatte zu viel zu tun. Jetzt wußte er nicht, sollte er Hilfe holen oder gleich selbst und allein anfangen. Er hatte furchtbare Angst. So fing er mit der Kraft der Verzweiflung an, die Balken und Steine beiseite zu schaffen. Immer wieder rief er laut den Namen seines Sohnes, bekam aber keine Antwort.

Der Mann, der ihn hatte rennen sehen, dem fiel nun ein, daß er vielleicht Hilfe brauchen könnte, und er ging mit einigen anderen zu dem abgelegenen Haus. Gemeinsam räumten sie weiter die Trümmer weg. Endlich gelangten sie in den Wohnraum, oder was davon übrig war. Und da fanden sie das Kind. Lange hatte der kleine Sohn unter den Trümmern gelegen. Jetzt hielt ihn sein Vater schwerverletzt im Arm.

„Geh nicht weg", flüsterte er und sah seinen Vater mit ängstlichen Augen an. „Wo soll ich denn hin, wenn ich sterbe?"

Der Vater war stumm vor Schmerz. Aber dann besann er sich darauf, daß er, der Vater, sein Kind nun auf seinem schwersten Weg begleiten mußte. Kein Arzt konnte mehr helfen. Jetzt durfte er nicht verstummen, nicht seinem eigenen Kummer nachhängen. Er nahm sein Kind in den Arm und setzte sich allein mit ihm an das Ufer des Flußes. Zuerst schwieg er eine Weile. Aber dann fing er langsam an zu erzählen, und es war, als rede ein anderer für ihn:

„Früher einmal, weißt du noch, als in der Nacht der große Regen kam, fielen viele Tropfen vom Himmel herab. Einer dieser Tropfen fand sich am andern Morgen auf einem Erlenblatt wieder. Die Sonne spiegelte sich in ihm, so daß er funkelte und glitzerte wie ein Diamant. Er war sehr schön. Das kannst du mir glauben. Die ganze Welt schien in diesem kleinen, runden Ball beschlossen zu sein. Er war es wert, einem König zu gehören. Aber nichts währt ewig. Nicht ein Wassertropfen, so schön er auch sein mag.

Denn da kam der Morgenwind, und das Erlenblatt fing an zu tanzen. Der Tropfen fiel in eine Pfütze. Weg war er. Man konnte ihn nicht mehr sehen. Man sah nur diese frische, helle Pfütze. Der Tropfen war ein Teil von ihr geworden. Die Pfütze bildete ein Rinnsal, schlängelte sich den Weg entlang, durch die Wiese in den Bach und wurde eins mit ihm. Man konnte das Rinnsal nun nicht mehr sehen, nur den Bach. Das Rinnsal war in ihm.

Der Erlenbach floß eine Weile munter durch die Wiesen. Die Tiere tranken aus ihm. Die Kinder badeten in ihm, die Fische spielten in ihm. Dann kam er zu einem Fluß. In den floß er hinein und wurde eins mit ihm. Man konnte den Erlenbach nun nicht mehr sehen, nur den Fluß. Aber der Bach war in ihm.

Munter floß der Fluß durch Felder und Dörfer, bewässerte hier die Gärten, drehte da ein Mühlrad und half den Frauen beim Wäschewaschen. Erst nach einer ganzen Weile kam er zu einem großen, breiten Strom. In den floß er hinein. Man konnte den kleinen, schnellen Fluß jetzt nicht mehr sehen, sondern nur den großen, breiten, langsamen Strom. Aber der kleine Fluß war in ihm, war eins mit ihm geworden.

Der große Strom konnte Elektrizität erzeugen. Er konnte große Schiffe tragen und ganze Städte mit Wasser versorgen. In großen Bögen zog er langsam durchs ganze Land, durch Schleusen und unter Brücken hindurch, bis er schließlich ans Meer kam.

An allen Ufern dieses Meeres kamen große und kleine Ströme

# Warum muß Wasser fließen?

und Flüsse an und ergossen sich in die schier unendlichen Wassermassen. Keiner wurde im Meer gesehen, keiner hatte mehr einen eigenen Namen. Aber das Meer war zu sehen. Und es hatte einen Namen. Es war das Wasser schlechthin.

Aber gab es deshalb die Ströme, die Flüsse und Bäche und Regentropfen nicht mehr? Doch. Jeder einzelne Tropfen war das Meer, und das Meer war all diese einzelnen Tropfen. Sie waren eins, ein und dasselbe. Sie dachten nicht mehr an all die gewundenen Pfade, die sie geflossen waren. Sie waren schon immer das Wasser und würden es immer bleiben. Und dann kam die Sonne und schien heiß auf das Meer. Da wurde das Wasser zu Dunst und Luft. Zu Wolken wurde es und zog weit über Meer und Land.

Im Norden wurden die Wolken zu Schnee und fielen wie Sterne vom Himmel. Aber in den warmen Ländern regneten sie ihre Last herab. Die Sonne mußte lachen und malte einen bunten Bogen von hier nach da. Er heißt nicht Sonnen-, sondern Regenbogen. Eigentlich heißt er sogar Regentropfenbogen, denn weißt du was geschehen war? Der kleine Tropfen war wieder da, von dem ich dir am Anfang erzählt habe. War wieder da auf seinem Erlenblatt und funkelte wie ein Diamant, der es wert war, einem König zu gehören.

Die ganze weite Reise war in ihm beschlossen und zu sehen. Er war der Bach, der Fluß, der Strom und das Meer. Er war die Welt. Darüber freute sich die Sonne und lachte und darum formte sie den bunten Regentropfenbogen.

Es ist nämlich so, daß man nie sagen kann, ob das ganz Große oder das ganz Kleine, das Lange oder das Kurze, das Schwere oder das Leichte mehr bedeuten. Und das ist auch gar nicht so wichtig."

Auf diese Weise wiegte der Vater sein Kind in den Schlaf. Und der Schlaf wurde zur weiten Reise – auf unserem blauen Planeten und noch weit darüber hinaus.

# Der Gesang

Es gibt ein Leid, das keine Worte hat. Ein Leid, das so groß ist, weil es auch vorher schon keine Worte gab. Worte, meine ich, die den Menschen geholfen hätten, zueinander zu finden.

Manchmal muß man das Ende einer Geschichte als den Anfang betrachten.

So war es jedenfalls auf unserer Felseninsel, die das Mittelmeer umspült. Auch landeinwärts hört man Tag und Nacht das Rauschen des Meeres, wie eine immerwährende Melodie, einen Rhythmus der Ewigkeit.

Dort lebten wir, zwei Familien in einem engen Tal, dicht gedrängt um die Weideplätze und die Wasserstellen. Wenn die Winterstürme kamen oder die Seeräuber, waren wir auf einander angewiesen. Dennoch waren unsere Männer seit Generationen verfeindet. Haß lag in ihren Blicken.

Angefangen hatte es mit einem Spottlied, so heißt es, das der Großvater meines Mannes auf den Großvater der anderen Familie gesungen haben soll. Es war kein schönes Lied. Wer kann schon etwas dafür, daß er ein Hinkebein hat?

Dann war es um ein Lamm gegangen, welches angeblich die Herde gewechselt hatte, und nun von den anderen in Besitz genommen wurde, obwohl es doch eigentlich uns gehörte, das heißt, dem Vater meines Mannes.

Die nächste Generation stritt sich um ein Stück Weideland, das vorher niemandem gehört hatte, jetzt aber von uns beansprucht wurde, wogegen sich die anderen mit Verbitterung verwahrten.

Als das nichts half, gipfelte das ganze in einem Streit um Brunnenrechte. Auf einer felsigen Insel ist Süßwasser kostbar. Dem Vieh den Zugang zur Tränke zu verwehren, ist mehr, als ein Spottlied zu singen. Jetzt hatten die andern also einen Brunnen für die Menschen und einen für die Schafe. Wir hatten nur einen.

Ich konnte verstehen, daß dies meinen Mann sehr verärgerte. Dennoch fand ich es nicht richtig, daß er Philippe, unsern Ältesten zum Meer schickte, um die Netze der andern zu leeren und sie dann zu kappen.

Philippe tat, wie ihm geheißen. Er war ein guter Sohn, wenn auch ein wenig zu weich, zu romantisch für das harte Leben auf der Felseninsel. Jedenfalls traf er auf dem Rückweg Emilia, die jüngste Tochter unserer Nachbarn, die er noch nie so recht gesehen hatte. Er verliebte sich augenblicklich in sie. Vergessen waren Fische und Familienzwist. Die beiden nahmen sich bei der Hand und wanderten in den Abend hinein. Schließlich setzten sie sich unter einen Feigenbaum.

Die Zeit verging, und sie merkten es nicht. Die Sonne ging unter, sie merkten es nicht. Die Nacht verging, und sie merkten es nicht. Saßen da, unter dem Feigenbaum, und waren verliebt.

Als Emilia die ganze Nacht nicht nach Hause gekommen war, schickte ihr Vater am Morgen ihren Bruder Antonio, um sie zu suchen. Antonio fand zuerst die zerstörten Netze, dann den Haufen sterbender Fische und schließlich seine Schwester mit Philippe unterm Feigenbaum. Da fühlte er sich und seine Familie so sehr verletzt, daß er sein Gewehr nahm und Philippe erschoß.

Der Schuß hallte durch die Morgenstille. Jeder konnte ihn hören. Mein Herz begann wie wild zu klopfen. Meine sechs anderen Söhne rannten zum Strand. Als sie Philippe so unter dem Feigenbaum liegen sahen, packte sie alle eine furchtbare Wut.

„Deine Ehre werden wir rächen", rief einer, zog den Revolver und erschoß Antonio. Ich will gar nicht wissen, wer es gewesen ist.

Da lagen nun beide, Philippe und Antonio unter dem Feigenbaum nebeneinander wie Brüder, beweint von der gleichen Schwester.

Als mein Mann von dem furchtbaren Unglück hörte, erstarrte er. Dann ging er mit seinen sechs übriggebliebenen Söhnen hinaus ins Tal. Er konnte vor Kummer nicht sprechen. Aber mit seinem tiefen Baß sang er seine tiefe Trauer hinaus in die Berge. Nach einer Weile begleiteten ihn die Tenöre seiner Söhne. Aber unser jüngster Sohn schrie seinen Kummer hinaus, so laut und hell, daß uns allen, die es hörten, das Herz zu zerspringen drohte. Und dieses Klagen nahm kein Ende, denn der Berg sandte mit seinem Echo die Töne zurück. So standen sie da draußen und trauerten.

Unsere Nachbarn, die nie auf uns gehört hatten, hörten uns jetzt. Und dann war da auf einmal noch ein zweiter Gesang. Auch Antonios Vater kam mit seinen fünf übriggebliebenen Söhnen, um mit seinem tiefen Baß das tiefe Leid zu beklagen. Auch sein jüngster Sohn schrie seinen Kummer stoßweise hinaus, hell und laut. So standen sie sich gegenüber.

Dann formten die mittleren Söhne einen Strom von Tönen und eigenartigen Halbtönen, so daß die Berge ringsum erzitterten. Es war, als wollten sie zwischen den Alten und Jungen vermitteln.

Noch nie hatte ich so etwas gehört.

Auf dem Strom von Tönen lag jetzt die Stimme dessen, der Phillipes Leben erzählte, das so stolz und voller Tatkraft gewesen war, so romantisch und so voller Liebe zu den schönen Dingen seiner Heimatinsel.

## Der Gesang

Auch Antonios Leben wurde erzählt, das dem von Philippe sehr ähnlich war. So entand ein Wechselgesang, getragen und gehalten von ein und demselben Strom der Töne und Halbtöne der mittleren Brüder. Die Jüngsten schrien weiterhin ab und zu ihre Klagen dazwischen, hell und schmerzlich. Aber darunter lagen die Bässe der Väter, die auch dann noch zu hören waren, wenn die Brüder Atem holen mußten.

Nach einer Weile legten sich die Brüder die Arme um die Schultern. Die einen wie die anderen. In diesem Augenblick hätte ich nicht zu sagen vermocht, welches meine Kinder waren und welche nicht. Es waren alles Brüder von Brüdern.
Die Berge hallten wider von dem wunderbaren Gesang. Es schien, als ob auch sie sich gegenseitig die Arme um die Schultern legten, um sich tröstend zu wiegen, hin und her.
Als die Männer endlich zurückkamen, hatten wir Frauen gemeinsam die Toten gewaschen und sonntäglich bekleidet. Wir hatten sie zusammen in einen Sarg gelegt. Nun wurden sie gemeinsam in einem Grab begraben. Das war eine unglaubliche Tat. So etwas hatte es in unserem Tal noch nie gegeben.

Lange Zeit gab es keinen Steit mehr. Jeder versuchte der Dinge anders Herr zu werden. Niemand wurde mehr erschossen, nicht um der Ehre und nicht um der Schande willen. Das habe ich gemeint, als ich sagte, das Ende sei eigentlich der Anfang gewesen, denn unsere anderen Söhne, wenn sie nicht miteinander reden können, gehen hinaus ins Tal und singen ihre eigenartigen Wechselgesänge, getragen von dem einen Strom der Töne und Halbtöne, der die Berge anrührt und das Weh im Herzen.

# Der übergroße Tod

Luise Fiedler war Erzieherin. „Mit Leib und Seele", sagten die Eltern, denn Frau Fiedler hatte keine eigene Familie. Sie wohnte im Kindergartenhaus, und viele „große" Kinder kamen sie noch oft besuchen. Sie kannte jedes mit Namen.

Luise Fiedler mochte die „modernen Zeiten" nicht. Besonders verabscheute sie das Fernsehen. Der Montag war für sie der schwerste Tag im Kindergarten. „Da sind meine Kleinen meist ganz durcheinander."

Das schrieb sie dem Umstand zu, daß die Kinder am Wochenende besonders viel vor der Flimmerkiste hockten. „Das Meiste von dem, was sie da sehen, verstehen sie doch gar nicht. Die Eltern nehmen sich nicht die Zeit, es ihnen zu erklären. Und dann kommen sie hier an, den kleinen Kopf ganz zugestopft mit wirrem Zeug."

Es wunderte sie darum auch nicht, daß eines Montags Steffi als erstes sagte: „Du, Luise, ich hab ganz was Scheußliches gesehen."

„Im Fernsehen?" fragte Luise gleich.

„Das hab ich auch gesehen", rief Robert.

„Ja, das mit den toten Kindern", sagte Evi. „Es kam in den Nachrichten. Und auch nachher noch."

„Vom Krieg war das. In Jugoslawien", sagte auch Hannes, und die Kinder fingen an, alle durcheinander zu reden.

Luise blieb die Luft weg. „Durftet ihr euch das denn ansehen?" fragte sie.

„Mein Papa hat geguckt. Und da war ich eben auch dabei", sagte Robert.

„Meine Mama hat gesagt, ich soll rausgehen", berichtete Steffi. „Aber da hatte ich es schon gesehen. Iiii, sah das aus!"

## Der übergroße Tod

„Wenn meine Mama nicht da ist, sagt mein Papa nix. Ich darf nur nicht laut sein und ihn stören", sagte Evi. Und Hannes berichtete etwas verschämt, daß er eigentlich nicht Fernsehen durfte. Er hatte unbemerkt in der Tür gesessen, und der Fernseher hatte sich im Fenster gespiegelt.

„Willste mal sehen, wie die toten Kinder aussahen?" fragte er.

Das wollte Luise eigentlich nicht. Sie konnte immer noch nicht verstehen, warum die Eltern ihre kleinen Kinder nicht vor solchen Bildern bewahrten.

„Aber es gibt doch tote Kinder in Jugoslawien. Das muß man ja wissen", sagte Klaus. Er war der Älteste. „Man soll ja auch Mitleid haben."

„Ich hatte so Angst", sagte Steffi. „Sie sahen so unordentlich aus, wie sie da lagen."

Und Robert fragt: „Warum schießen die Soldaten eigentlich Kinder tot? Die sollen doch bloß auf sich selber schießen, ich meine auf Soldaten."

„Die können eben nicht so genau zielen. Da trifft's dann oft daneben. Dann trifft es eben alle, die da grad gehen", sagte Klaus.

„Das sah aber so gräßlich aus", fing Steffi wieder an.

„Weil das Blut so rot ist. Das sieht man dann ja alles so. Warum ist bloß Blut so rot?"

„Willst du mal sehen, wie tote Kinder daliegen?" fragte Hannes wieder.

„Was passiert überhaupt jetzt mit ihnen?" fragte Evi. „Wer kümmert sich um sie?"

„Ich möchte bloß mal wissen, wie tot ist", sagte Robert.

„Ist Jugoslawien weit weg?" wollte Steffi jetzt wissen.

„Hier bei uns sah es auch mal so aus, nach dem Weltkrieg, hat mein Opa gesagt." Klaus redete so vernünftig, daß man vergessen konnte, daß er auch noch ein Kindergartenkind war und daß ihm die Bilder ebenso viel Angst gemacht hatten wie allen anderen Kindern.

Luise wußte, daß die Kinder jetzt irgend etwas brauchten. Aber was? Was würden ihre Erklärungen über Krieg und Sterben helfen? Sie war mit den Kindern in dem tiefen Gefühl des Nichtbegreifens versunken. Und als Hannes, der Kleinste jetzt wieder sagte: „Willst du es auch mal sehen, wie die toten Kinder dalagen?" sagte Luise: „Ja, zeigt mir das mal."
Da legten sich alle Kinder hin, neben- und übereinander, kreuz und quer. Sie machten die Augen zu und atmeten kaum. Manche machten den Mund auf. Zwei hielten sich an der Hand. So lagen sie eine ganze Weile, und es war ganz still, totenstill im Kindergarten. Die Ruhe teilte sich allen mit. Jeder fühlte sie, auch Luise.

Und dann standen die Kinder auf und fingen an zu spielen, zu malen und rumzurennen, so wie sie es immer taten. Sie waren in ihr eigenes Leben zurückgekehrt. Luise kaufte beim Gärtner einen Korb voll Priemeln. Die pflanzte sie zum Gedenken am Nachmittag mit den Kindern in eine Ecke des Spielplatzes. Als die Kinder das alles zu Hause ihren Eltern erzählten, fingen viele an, über die Geschichte nachzudenken.

# *Der eigene Tod und Jenseitsphanthasien*

## Das Schiff des Lebens

„Es blutet, es blutet, aua aua aua!" schreit Andy.

„Pscht", macht seine große Schwester. „Nicht so laut. Das ist doch nicht so schlimm."

„Ist es wohl! Es brennt!"

Andy zeigt Katrin seinen Finger.

„Unsinn", sagt Katrin und will ihn beruhigen. Aber er will sich nicht beruhigen lassen.

„Der Doktor ist doch da", ruft er laut.

Und da kommt auch schon die Mutter mit dem Doktor aus dem Nebenzimmer herein. Die Mutter sieht verweint aus. „Was machst du denn für Sachen."

„Es ist gar nicht schlimm, Mutter. Man sieht fast nichts."

Katrin versucht, wie schon so oft, ihren kleinen Bruder von der Mutter fern zu halten. Ängstlich schaut sie auf.

„Es ist wohl schlimm!" sagt Andy laut. Und dann wird er auf einmal ganz klein und jämmerlich.

„Bald wird es furchtbar bluten. Und dann komme ich auch in den Himmel, wie der Martin."

Einen Moment sind alle stumm vor Bestürzung.

„Aber Andy! Was redest du denn da?" sagt die Mutter.

Der Doktor holt seine Arzttasche und nimmt Salbe und ein Verbandspäckchen raus.

„Jetzt kümmern wir uns mal um deinen kleinen Finger und packen ihn schön weich und warm ein", sagt er.

Still hält Andy seinen Finger hin. „Tut sterben weh?" fragt er.

„Sterben tut nicht weh. Nur wenn man eine Verletzung hat, oder manche Krankheiten, die tun weh", sagt der Doktor.

„Tut es dem Martin weh?"

„Darüber wollen wir jetzt nicht reden, Andy", sagt die Mutter schnell. „Der Martin, der ... muß doch vielleicht gar nicht sterben. Da redet man doch nicht drüber."

„Du redest aber immerzu darüber, Mutter. Und über uns redest du nie mehr. Immer, immer müssen wir leise sein und abwarten!"

Die Mutter weint, und Katrin sieht hilflos von einem zum andern.

„Tut dir dein Herz weh, Mutter?" fragt Andy nach einer Weile. „Dann müssen wir dir auch einen Verband machen."

„Ich weiß nicht, wie ich es euch sagen soll ..." Die Mutter nimmt ihre Kinder in die Arme. „Mein Kopf tut mir so weh ..."

Der Doktor findet, daß die Mutter sich hinlegen solle. „Ich bleibe noch ein bißchen bei ihren Kinder", sagt er.

Katrin bringt die Mutter ins Schlafzimmer.

„Du, Herr Doktor, du hast vorhin nicht geantwortet", sagt Andy.

Da setzt sich der Doktor mit den beiden Kinder in die Sofaecke.

„Ich habe es gerade eurer Mutter gesagt", beginnt er. „Es ist nun schon so, daß euer Bruder Martin nicht mehr lange leben wird. Er hat zu viele weiße Blutkörperchen. Aber er hat jetzt keine Schmerzen. Er liegt im Krankenhaus in einem kleinen, ganz sauberen Zimmer, das man ‚sterile Einheit' nennt. Da muß alles ganz, ganz sauber und ohne Staub sein, weil sein Körper sich nicht mehr gegen Ansteckung wehren kann. Darum könnt ihr jetzt auch nicht mehr mit ihm spielen."

Katrin denkt darüber nach, wie wenig sie von Martins Krankheit weiß. Und Andy fragt: „Kannst du denn mit ihm spielen?"

„Wenn ich komme", sagt der Doktor. „Dann hat Martin meistens ein Bild gemalt. Das zeigt er mir dann."

„Mutter hat eine ganze Mappe von Martins Bildern", sagt Katrin. Und leise fügt sie hinzu: „Von uns hat sie keine."

„Weil wir ja auch nicht sterben", sagt Andy. „Aber jetzt kann ich ja eh nicht malen, mit dem Verband."

„Katrin, ich hab' eine Bitte", sagt der Doktor. „Kannst du übermorgen mit Andy zu mir in die Sprechstunde kommen? Dann sehe ich nach seinem Finger. Und könntet ihr mir dann ein Bild mitbringen? Malt etwas, das euch für Martin einfällt. Und ich bringe euch ein Bild von Martin."

Der Doktor nimmt seine Tasche und geht zurück ins Krankenhaus. Er denkt daran, wie schwer es für eine Mutter ist, allen ihren Kindern gerecht zu werden. Manchmal muß eins oder das andere zurückstehen. Vor dem Krankenhaus blüht gerade der Goldregen. Der Doktor bleibt einen Augenblick stehen und atmet den Duft ein, ehe er wieder zu den kranken Kindern geht.

Dann sitzt er an Martins Bett.

„Mein Bild sollst du anschaun", sagt Martin und schiebt ihm sein neuestes Werk zu. „Und nun erzähle."

„Ich sehe hier ein Schiff mit einem riesengroßen Segel", sagt der Doktor. „Und das Segel hat neun rote Streifen. Aber es hätten noch mehr Streifen Platz."

„Weiter", sagt Martin und zupft den Doktor am Ärmel.

„Da sehe ich zehn prächtige Wikinger auf dem Schiff, mit Helmen und Schwertern. Aber nur neun haben einen Schild. Der zehnte hat keinen."

„Ich bin vorige Woche neun geworden", sagt Martin. Und irgendwie fühlt er, daß der Doktor ihn versteht.

„Die Wellen sind leuchtend blau", fährt der fort, „obwohl keine Sonne scheint. Und das Weiße, Wirbelige da, ist das der Wind? Hat der weiße Wind dem Wikinger seinen Schutzschild weggeblasen?"

Martin nickt stumm.

„So ein schönes, großes Schiff, mit einem Stierkopf am Bug. Wer weiß, wohin es fährt."

Jetzt muß Martin lachen. „Na, der da", sagt er und zeigt auf den Mann im Mastkorb.

„Ach ja, da ist ja noch einer. Im Mastkorb sitzt er und schaut mit seinem Fernglas in die Ferne. Und du meinst, er sieht, wo das Schiff hinfährt? Na klar, irgendwas erkennt er, denn aus seinem Kopf kommen sieben Strahlen heraus. Er sieht was, und er denkt sich was. Wer das wohl ist?"

Wieder muß Martin lachen. Ein fast lautloses Lachen. „Das bist doch du. Du siehst doch in die Ferne."

Und nach einer Weile fügt er leise hinzu: „Ich weiß, daß du es weißt." Und dann noch leiser: „Gefällt dir mein Schiff?"

„Ja sehr!" sagt der Doktor. „Ich nehme es für deine Geschwister und deine Mutter mit, ja?"

Am übernächsten Tag kommen Andy und Katrin zum Doktor in die Sprechstunde.

„Ich hab ihm ein neues Pflaster drauf gemacht", sagt Katrin

„Dafür hab ich ihr einen mehr gegeben", sagt Andy.

Der Doktor weiß nicht so recht, worum es geht.

„Na einen mehr von den Bonbons."

„Mutter bringt uns jetzt nämlich auch immer etwas mit, wenn sie für Martin was kauft", erzählt Katrin.

„Dein Finger sieht gut aus. Er ist wieder geheilt. Meinst du nicht auch, Andy?" fragt der Doktor.

Andy brummelt vor sich hin.

„Man könnte ja für alle Fälle noch ein Schutzpflaster draufmachen."

Katrin zeigt dem Doktor ihre Schachtel mit lauter kleinen bunten Pflastern. Da sieht der Doktor ein, daß die Pflasterzeit noch nicht vorbei sein kann.

„Hast du uns ein Bild von Martin mitgebracht?" fragt Andy.

Der Doktor zeigt ihnen das Bild. „Das ist das Schiff des Lebens", sagt er und erzählt ihnen die Geschichte.

„Wir haben auch ein Schiff gemalt. Das ist ja komisch" sagt Katrin und merkt dabei, daß sie es zu Hause liegengelassen hat.

„Macht nichts", sagt der Doktor. „Dann erzählt ihr mir jetzt, was drauf war."

„Ein Schiff fährt über den Fluß ans andere Ufer", beginnt Andy. „Der Martin steht auf dem Schiff. Er sieht aus wie Asterix, weil er den doch so mag. Katrin hat ihn von hinten gemalt, denn er fährt ja weg."

„Und von hinten geht's auch leichter zu malen", sagt Katrin. „Wir sind auch drauf. Wir stehen auf dieser Seite und schicken das Schiff auf seinen Weg, denn wir fahren ja nicht mit zum anderen Land, nicht wahr? Schön blau ist der Fluß, und dann noch so Bäume dran. Kannst du's dir vorstellen?

Der Doktor kann sich das gut vorstellen.

„Das Bild wird dem Martin gefallen", sagt er.

„Wenn der Martin, ... wenn der jetzt vielleicht stirbt, ist er dann immer, immer weg?" fragt Andy.

„Er ist dann nicht mehr hier bei uns auf der Erde. Wir müssen dann ohne ihn leben. Und das wird anfangs nicht leicht sein, besonders für eure Mutter", sagt der Doktor. „Aber er ist nicht aus der Welt. Mir gefällt euer Bild sehr gut, von dem Schiff, das ans andere Ufer fährt. Das gleiche Schiff, das der Martin auf dem blauen Meer gemalt hat. Seid ihr denn mal mit einem Schiff gefahren?"

„Als wir noch alle zusammen waren, da sind wir mal mit dem Schiff nach Schweden gefahren. Das war ganz toll", sagt Katrin.

„Wie lange seid ihr denn da gefahren?"

Das wissen die Kinder nicht mehr.

„So ist es immer. Wenn man mit einem schönen Schiff fährt, dann zählt man nicht die Stunden, sondern lebt im großen Augenblick. Man erinnert sich auch nicht an die Zeit, sondern an die Schönheit. So ist das Leben."

„Du, auf dem Schiff gab es zu essen, so viel man wollte", sagt Andy etwas unvermittelt. „Obst, Hühnchen und alles."

„Aber ich konnte nicht so viel essen wie die andern. Mir war nämlich schlecht." Katrin scheint das heute noch leid zu tun.

„Aber Martin und ich haben die Möwen gefüttert. Weißt du, wie Möwen schreien? So irrr, irrr. Ganz weit sind sie mit dem Schiff geflogen. Ganz weit ..."

Als die Kinder nach Hause gehen, scheint ihnen die Welt nicht mehr ganz so unverständlich. Und die Mutter ist froh, daß es jemanden gibt, der sich nicht nur um den Körper, sondern auch um die Seele ihrer Kinder kümmert. Später schreibt sie zu den Bildern der Kinder:

Segel
rote Segel
fliegen wie ein Pfeil
im Wind

und das Schiff
das trägt mein Bübchen
trägt mein Kind

Vögel
weiße Vögel
wiegen sich
im wilden Wind
schreien Ankunft
winken Abschied
schluchzen wie ein Kind

Segel
rote Segel.

# Auf anderen Planeten

„Gefällt es dir denn auf unserem Planeten nicht?" fragte ich.

Das Kind sah mich sorgenvoll an und sagte: „Manchmal gefällt es mir ganz und gar nicht. Ich verstehe nicht, warum in Bosnien Krieg ist, warum so viele Kinder kein Zuhause haben, warum gute Menschen einfach erschossen werden und warum meine Mutter abends manchmal weint."

„Und du meinst auf einem anderen Planeten wäre das alles anders?"

„Ja", sagte das Kind und erzählte mir, wie es sich die anderen Planeten vorstellte. Dort lebten schöne, gute und gescheite Wesen, und niemand müßte so viel allein sein wie es selbst.

„Aber ist unser Planet nicht auch eine wunderbare Schöpfung? Was für erstaunlich schöne Tiere und Pflanzen es hier gibt. Berge, Meere und Sonnenuntergänge, grüne Wiesen und weißen Schnee." Ich geriet richtig ins Schwärmen.

Aber das Kind blieb ernst. „Komm mal mit", sagte es und zeigte mir den Ausblick aus seinem Fenster. Er ging genau auf einen Schrottplatz, umgeben von grauen Plattenbauten.

„Findest du, daß dies eine schöne Schöpfung ist?" fragte es vorwurfsvoll. „Das Universum, die Sterne und die anderen Planeten, ja, die müssen schön sein. Ich kann sie hier am Himmel vorbeiziehen sehen. Aber soll ich dir mal sagen, wie die Erde entstanden ist? Aus Abfall nämlich. Und das war reiner Zufall. Du kannst dir das ruhig mal so vorstellen: Da unten der Schrottplatz, der wird von einem mächtigen Hurrikan durcheinandergewirbelt, und aus den herumfliegenden Stücken fügt sich dann zufällig eine Boeing 747 zusammen, die auch richtig fliegen kann. So ist die Erde entstanden. Zufällig und aus Schrott. Da hilft auch kein schöner Lack oder du mit deinen grünen Wiesen und Schneebergen. Der Schrott kommt immer wieder zum Vorschein. Unser Planet funktioniert, ist aber nicht schön. Und gut schon gar nicht. Was will man auch von einem zufälligen Schrottplatz verlangen? Bald wird das Gebilde wieder zu Schrott zerfallen. Kennst du die Kinder von Tschernobyl? Die wissen das. Und darum möchte ich schon gern auf einen anderen Planeten umziehen."

Das Kind schwieg, wütend und außer Atem. Es hatte sich so viele Gedanken gemacht und hatte so verzweifelt versucht, eine Erklärung für seinen grauen Alltag zu finden. Was sollte ich ihm sagen?

Das Kind sah mich mit großen, erwartungsvollen Augen an, bereit alles zu glauben, was ich ihm erzählen würde. Es wollte so gerne in einer schöneren Welt leben. Mir fiel ein berühmter alter Mann ein, der einmal gesagt hat: „Die schönste Erfahrung, die wir Wissenschaftler machen können, ist die des Geheimnisvollen."

Es wurde langsam dunkel. Wir beide saßen auf dem Fensterbrett und schauten zum Abendstern. Der grüßte hellstrahlend herüber, wobei er mal bläulich, mal rötlich, mal gelblich schimmerte.

„Wir sind nicht allein im All", sagte ich. „Das Universum ist angefüllt mit Leben. Es gibt viele Milliarden von Planeten, die einst Leben hervorgebracht haben, auf denen Leben existiert oder sich gerade entwickelt. Und das sage nicht nur ich, sondern sogar Wissenschaftler und Nobelpreisträger. Wir wissen nur so wenig vom Leben auf anderen Planeten, weil das Universum gigantisch groß ist. Von dem allernächsten Stern, den wir da sehen, ist eine Botschaft zwei Millionen Jahre zu uns unterwegs. Und unsere Antwort braucht dann ebenso lange zurück."

„Das macht doch eigentlich nichts", sagte das Kind und schaute dem blinkernden Abendstern zu.

„Wenn ich nur verstünde, was er sagt. Er kann es ja ruhig vor zwei Millionen Jahren gesagt haben. Deswegen ist es ja jetzt nicht falsch. Und ich könnte ihm sofort antworten."

„Wie du siehst, sprechen die Wesen, die auf diesem Planeten leben, nicht wie wir", sagte ich. „Wenn wir sprechen wollen, erzeugen wir Schallwellen, die Worte bilden und vom Ohr des anderen aufgenommen werden. Die Leute auf jenem Planeten sprechen mit Lichtwellen, die vom Auge des anderen aufgenommen werden. Jede Farbe, jede Farbstärke, Helligkeit und Dunkel, haben eine bestimmte Bedeutung."

„Ich seh's!" rief das Kind begeistert, so, als verstünde es bereits die Sprache der Sternenmenschen. „Sieh mal, blau – rot, blau – rot, gelb – gelb. Was könnte das heißen?"

„Die Wesen auf diesem Planeten sehen auch nicht aus wie wir", fuhr ich fort. „Wolltest du dort leben, dann wäre dein Körper aus Nebel, und lauter kleine Tröpfchen bildeten das, was bei uns auf dem Erdplaneten die Nervenzellen sind."

„Nebel?" fragte das Kind ungläubig und strich über seine Wangen, seine Arme und Beine. „Das kann ich mir aber nicht vorstellen. Ne. Da schuddert's mich. Da wüßte ich ja gar nicht, wo ich anfange und wo ich aufhöre."

„Die Wesen auf dem Stern da sind aber so", sagte ich. „Vielleicht liegt ihnen gar nicht viel daran, sich von ihrer Umwelt und anderen Wesen zu unterscheiden."

„Darum müssen sie vielleicht auch keinen Krieg machen", sagte das Kind. „Ich möchte schon gern mal da hin und auch in Farben reden."

„Dann mußt du einwilligen, ein Nebel zu werden und deine Wortsprache zu verlieren", sagte ich.

„Wenn ich nicht mehr sprechen kann, werde ich dann dumm?" fragte das Kind.

Ich dachte an all die Kinder, die aus irgend einem Grund nicht sprechen können und die viele unwissende Menschen deshalb für dumm halten. „Im Gegenteil", sagte ich. „Deiner Gescheitheit wären dann keine Wortgrenzen mehr gesetzt."

Das Kind neben mir rutschte unruhig auf der Fensterbank hin und her. „Ich würde ja gerne dahin reisen. Aber bleiben möchte ich doch lieber nicht. Nicht als Nebel", sagte es zögerlich.

„Du weißt jetzt also, warum wir Erdmenschen und Erdtiere nicht so, wie wir sind, auf einem anderen Planeten leben können, obwohl es da Leben gibt?"

„Ja", sagte das Kind. „Ich könnte ja dann auch gar keinen Schokoladenpudding mehr essen. Und wenn ich dich jetzt umarmen wollte, würde ich deinen Pulli gar nicht fühlen, sondern wir zwei würden einfach ineinandernebeln."

Während das Kind dies sagte, umarmte es mich. Als ich seinen mageren Körper an meinem fühlte, wurde mir ganz eigenartig ums Herz, heiß und kalt. Sehr traurig und auch sehr glücklich. So muß Liebe sein.

Das Kind hatte seine Augen aber schon wieder auf den Abendstern gerichtet, der unverzagt seine Farbsignale sandte. „Er will doch, daß wir ihn verstehen, nicht wahr?" sagte es. „Da werde ich jetzt mal die Farbsprache lernen."

Als ich das Kind das nächste Mal traf, lag es in seinem Bett, das die Mutter ans Fenster geschoben hatte. Sein ganzes Zimmer war mit Papierbögen ausgekleidet, alten Tapetenresten, auf denen die verschiedensten Farbkombinationen zu sehen waren. Dazu gab es Unterschriften, die eine Übersetzung darstellten.

Gelb-orange-rot hieß zum Beispiel: Ich freue mich – sehr – daß du mich magst.

Blau-rot, blau-rot, gelb hieß: Du und ich – wir reden zusammen – das macht Spaß.

Und was hieß grün-rot, grün-blau? Ich trat näher, um es lesen zu können. Aber das Kind zog mich zu sich und zeigte mir eine Laterne, die es gebastelt hatte. Man konnte verschiedenfarbige Glasscheiben hineinschieben.

„Ja, und was denkst du", sagte es stolz. „Ich rede jetzt oft mit einem Nebelkind von diesem Planeten da. Es ist uns nämlich ganz egal, wieviele Millionen Lichtjahre es dauert." Und es zeigte mir, wie man die verschiedenen Farben vor die Kerze in der Laterne schiebt.

„Meine Mama hat sogar gestern Abend nicht geweint, sondern gelacht, als sie meine Laterne gesehen hat. Sie hat sich mit der Sternenfrau unterhalten. Und dann hat sie gesagt, daß ich das beste Kind aller Planeten bin und daß man so eine Farbsprache immer gut brauchen kann."

Ich dachte an den kleinen Pinguin, der einstmals Löcher in das schwarze Himmelspapier gepickt hatte, damit wir uns hier auf der Erde weniger fürchten. Und so fragte ich, ob ich ihm auch mal eine Nachricht mir der Sprechlaterne schicken dürfte.
Das Kind sagte:,,Natürlich! Es ist sowieso gut, wenn du es bei Zeiten lernst. Wer weiß, vielleicht verreise ich doch bald mal auf einen dieser anderen Planeten." Es schob mich auf die Fensterbank, und als es mich so umarmt hielt, hatte ich wieder dieses seltsame Gefühl im Herzen, das in der Farbsprache des Kindes gelb-orange-rot war und so viel hieß wie:
Ich freue mich – sehr – daß du mich magst.

# Irgendwann einmal

Katrin und Kerstin lagen zusammen im Krankenhaus. Sie waren 13 und 14 Jahre, alt und darum konnte ihnen niemand mehr „was vormachen".
Als das Bett im Nebenzimmer eines Tages leer war, wußten sie gleich, daß der kleine John gestorben war. Sie brauchten gar nicht mehr zu fragen.

Katrin und Kerstin hatte beide keine Haare, denn sie hatten gerade eine Chemotherapie hinter sich. Jedes Mal, wenn sie sich gegenseitig ansahen, mußten sie lachen.

„Du siehst wirklich zu komisch aus."
Es war ein Glück, daß sie zusammen in einem Zimmer lagen.
„Mit dir kann man echt gut quatschen."
„Wenn wir kein Gehirn hätten, gäbe es die Welt nicht", sagte Katrin.
„Wieso?"
„Na, daß du krank bist, daß John gestorben ist, daß du hier im Krankenhaus liegst und vielleicht mal wieder rauskommst oder auch nicht, das schnallst du doch nur, weil du Grips hast."
„Und wenn ich keinen hätte?"
„Wenn niemand was von etwas weiß, dann ist es doch schnurzegal, ob es ist oder nicht ist."
Darüber mußte Kerstin eine Weile nachdenken. „Lemontree" dudelte in ihrem Kopfhörer.
„Du meinst, alles findet nur in unserem Kopf statt?" fragte sie dann.
„Klar. Darum kann ja auch alles stattfinden. Alles Mögliche und Unmögliche kann sich ein Mensch ausdenken. Alles!"
„Wenn's im Kopf bleibt, hilft's nicht viel."
„Dann mußt du dir eben noch ausdenken, wie du es in echt zusammenbastelst und wie du andere dazu kriegst, dir zu helfen. Hat bisher meistens funktioniert. Mit Bösem und mit Gutem. Verstehst du?"
„Und wenn du keinen Kopf mehr hast?"
„Das frag ich mich grad. Was macht zum Beispiel John jetzt?"

Es entstand eine Zeit des Schweigens. Auf Kerstins CD war „And I will always love you" zu hören.
„Wahrscheinlich mußt du dir das ausdenken, solange du noch einen Kopf hast", fing Katrin wieder an.
„Und was?"

„Na, was Laune macht. Nichts Ätzendes, womit sie einen immer vollquasseln. Meine Familie ist stur. Aber als mein Vater starb, da waren alle echt nett, richtig nett zu meiner Mutter. Keiner hat was Böses gesagt. Voll cool. Das macht der Tod. Da sind alle ganz anders, ganz feierlich, ganz vorsichtig und nett."

Was die Familie betraf, da fiel Kerstin was anderes ein, was aber irgendwie genauso war:

„Als mein kleiner Bruder geboren wurde, war's auch so. Da waren auch alle ganz nett, haben sich gefreut, Geschenke gemacht und Glück gewünscht. Selbst meine Oma hat nicht mehr gemeckert."

„Ich stell mir jetzt mal vor", sagte Katrin nach einer Weile. „Wenn die Leute hier schon so nett sind, wenn das Leben aufhört oder anfängt, dann ist es doch drüben sicher erst recht so."

„Wo, drüben?"

„Na, wenn du gestorben bist, Mensch! Wovon reden wir hier denn die ganze Zeit? Ich mache mir hier schon in meinem Kopf zurecht, daß es so sein wird, daß alle sich freuen und ganz wahnsinnig nett zu mir sind, wenn ich dort ankomme. Das kann ich jetzt mit meinen Gedanken machen. Und da laß ich keinen andern ran."

Kerstin, die jetzt „One sweet day" hörte, suchte nach einer Bestätigung dieser Gedanken.

„Wenn die Schmerzen aufhören, dann ist man immer riesig froh. Also, so froh bin ich sonst nie. Vielleicht ist der Todesaugenblick auch so. Man ist einfach riesig froh."

„Und die andern sind auch froh", fügte Katrin hinzu. „Und das sind wirklich andere. Ich will doch nicht meine blöde Familie auch dort noch haben. Ne, da habe ich dann eine andere, eine Engelsfamilie."

Bei dem Gedanken mußte Katrin lachen. Offenbar stellte sie sich ihre Engelsfamilie deutlich vor.

„Ist doch so", sagte sie dann. „Wenn man hier geboren wird, kriegt man ja auch eine neue Familie, die man vorher nicht kannte."

„Du denkst also, wir können uns unseren Tod – oder ... nennt man das dann anderes Leben? – wir können uns das jetzt schon zurechtdenken und dann ist es auch so?" fragte Kerstin.

„Logisch", sagte Katrin. „Jetzt oder nie."

„Das würde ich ja gerne mal Doktor Weidmann fragen."

„Na bloß nicht! Die Alten quatschen dich doch bloß zu und haben selbst keine Ahnung", sagte Katrin. Irgendwie mußte Kerstin ihr recht geben, und sie war froh, daß sie Katrin hatte.

„Nö, ich möchte gern sterben", sagte sie, als ihre Mutter später besorgt nach ihrem Zustand fragte. „Vielleicht nicht jetzt, aber irgendwann einmal sterbe ich gern."

# Das Lied der Schwalben

Jan hatte eine Krankheit, die Leukämie hieß. „Der Name ist nicht das Schlimme, aber was man alles deswegen tun muß", sagte er.

Jan war schon viele Male im Krankenhaus gewesen. Darum kannte er sich da gut aus. Er wußte, was Chemotherapie ist, wie man sie durchmacht, daß man dabei seine Haare verliert, daß sie aber dann wieder wachsen. Er wußte, was die weißen Blutkörperchen machen, was ein Rezidiv ist, eine Kernspin-Tomographie und eine Ultraschalldiagnose. Er wußte also mehr als die meisten Kinder seines Alters, und er kannte fast alle Ärzte und Krankenschwestern in seinem Krankenhaus. Manchmal war er sogar lieber dort als zu Hause, denn im Krankenhaus war immer etwas los. Es gab viele andere Kinder, viele Spielsachen und eine „Spieltante".

Jan kam sich hier, im Gegensatz zu zu Hause, ganz normal vor. Allen Kindern ging es hier ähnlich.

Als Jan diesmal ins Krankenhaus kam, war es allerdings nicht wie sonst. Eine unerklärliche Müdigkeit hatte ihn befallen und wollte auch nicht weggehen. Anstatt mit den anderen Kindern zu spielen und zu malen, lag er still im Bett, auch als es ihm eigentlich wieder besser gehen sollte. Abends konnte er oft nicht einschlafen.
    Es gab eine neue Krankenschwester auf der Station, eine junge Französin. Françoise hieß sie, und sie hatte eine lustige Aussprache.
    „Isch werde disch was singen", sagte sie und setzte sich an Jans Bett. Sie sang ein französisches Lied. Jan konnte es nicht verstehen und schlief darum schnell ein. Es war das Lied von den Schwalben:

C'était sur la tourelle
d'un vieux clocher bruni;
la petite hirondelle
était au bord du nid.

„Courage! dit sa mère,
ouvre ton aile au vent,
ouvre-la tout entière,
et t'élance en avant."

Mais l'hirondelle hésite,
et dit: „C'est bien profond!
Mon aile est trop petite."
Sa mère lui répond:

## Das Lied der Schwalben

„Quand je me suis jetée
du haut de notre toit,
le bon Dieu m'a portée,
petite comme toi."

L'hirondelle légère
ouvre son aile au vent,
l'ouvre bien tout entière
et s'élance en avant.

Elle vole, ô surprise!
elle ne craint plus rien,
tout autour de l'église
comme elle vole bien!

Et sa mère avec elle
de tout son cœur chantait
sa chanson d'hirondelle
au Dieu qui la portait.

(Eugène Rambert: La petite hirondelle) *

Allmählich merkte Jan, daß er diesmal wohl nicht mehr nach Hause gehen würde. Er wurde bedrückt und nachdenklich, wollte bald mit niemandem mehr sprechen. Eines Tages, als er im Untersuchungszimmer war, fragte der Arzt ihn, was ihm denn so im Kopf rumgehe und worüber er sich Sorgen mache, denn er wollte nicht, daß Jan den Kampf gegen seine Krankheit aufgab.

Da sagte Jan: „Ich kann nicht sterben. Ich weiß gar nicht, wie man das macht."

* Übersetzung siehe Anhang.

Der Arzt schwieg erschrocken. Was sollte er sagen? Er wußte es ja selbst nicht und war auch noch nie auf die Idee gekommen, daß man etwas wissen müsse, um richtig sterben zu können. Nur, daß es für Jan wahrscheinlich bald soweit wäre, das wußte er. Und Jan schien es auch zu wissen.

Aber Schwester Françoise blieb nicht stumm. „Isch weiß, wie das geht", sagte sie mit ihrem unnachahmlichen Akzent. „Komm, isch erzähle disch." Sie nahm Jan, der immerhin schon zehn Jahre alt, aber ein Fliegengewicht war, einfach auf den Arm und trug ihn zurück in sein Bett.

„Ich habe dir doch das Lied von den Schwalben gesungen, nicht wahr? Aber ich glaube, du kleiner Schelm hast es überhaupt nicht verstanden. Na, siehst du, darum erzähle ich es dir jetzt noch einmal, was darin vorkommt. Leg dich schön hin und hör einfach zu."

Jan legte sich hin. Und während er zuhörte, bemerkte er nicht mehr, daß Françoise ein wenig „französelte".

„Es war einmal ein alter Kirchturm. Auf seiner obersten Spitze unter dem letzten kleinen Dach befand sich ein Schwalbennest. Und da, auf dem Rand des Nestes, saß eine kleine Schwalbe. Vor gar nicht langer Zeit war sie aus dem Ei geschlüpft und sah nun ängstlich in die Tiefe.

‚Nur Mut', zwitscherte die Schwalbenmutter. ‚Öffne deine Flügel dem Wind. Breite sie aus, so weit du kannst, und wirf dich einfach nach vorn.'

Die kleine Schwalbe zögerte. ‚Das ist aber so furchtbar tief, da', piepste sie. ‚Und meine Flügel sind so furchtbar klein.'

Die Schwalbenmutter antwortete geduldig: ‚Als ich mich das erste Mal von unserem Dach in die Luft fallen ließ, war ich auch nicht größer, als du jetzt bist. Aber ich hatte Vertrauen. Und siehe da, der Wind und der liebe Gott haben mich getragen.'

Die kleine Schwalbe zögerte noch einen Moment, dann nahm sie allen Mut zusammen, breitete ihre Flügel aus, so weit sie konnte, schloß die Augen und ließ sich in den Wind fallen. Und – o Wunder – sie konnte fliegen. Nichts Schreckliches geschah. Im Gegenteil. Leicht und elegant wie eine Feder segelte sie um die ganze Kirche. Die Schwalbenmutter flog mit ihr. Sie war so glücklich, daß ihr Kind jetzt fliegen konnte. Sie zwitscherte und sang aus vollem Vogelherzen das Lied von der Schöpfung, die die kleinen Schwalben trägt, wohin auch immer sie fliegen wollen."

Als Jan am nächsten Morgen aufwachte, ging es ihm ein klein wenig besser. Seine Augen waren wieder blank und zum Erstaunen aller wurde er auch dieses Mal gesund.

Das Lied der Schwalben vergaß er nie. Es beruhigte ihn, denn am Ende seines Lebens, wann immer das auch sein mochte, würde er wissen, wie man fliegt.

# Angstbewältigung

## Der Starke

Es war einmal ein kleiner Junge, der kam aus einem Kriegsland. Da hatte er viel Schlimmes erlebt. Darum konnte er jetzt nachts nicht gut schlafen. Oft wachte er schreiend auf, und auch am Tage hatte er viel Angst.

Er schlich noch immer an den Häuserwänden entlang, jederzeit bereit, sich in einem Kellerloch zu verstecken, obwohl doch gar kein Krieg mehr war. Wenn er irgendwo einen Auspuff knallen hörte oder jemand schrie, verkroch er sich sofort unterm Bett oder unter der Schulbank. Kurzum, er lebte in einer gefährlichen Vergangenheit, die ihn umschloß wie eine Nußschale.

Was war da zu tun?

„Ivo", sagten die Kinder. „Sei doch nicht komisch. Hier gibt's nichts zum Fürchten."

Aber Ivo dachte: ‚Habt ihr eine Ahnung.'

„Komm, Ivo", sagte die Lehrerin. „Du kannst ganz nah bei mir sitzen. Und immer, wenn du magst, nehm ich dich bei der Hand."

Ivo fand das nett. Er mochte seine hübsche Lehrerin gern. Aber er wußte genau, daß Frauen einen auch nicht vor Gewehrkugeln und Granaten beschützen können. Sie werden selbst getroffen.

Ivos Mutter sagte: „Junge, vergiß das alles. Wenn du heute nicht lebst, lebst du gar nicht mehr. Wir haben es bis hierher geschafft. Also nimm dich ein bißchen zusammen!"

## Der Starke

„Ich will ja, aber ich kann nicht", flüsterte Ivo, und die Angst ließ sein Herz schneller schlagen. Es wurde ihm oft schwarz vor den Augen.

Eines Tages traf Ivo seinen alten Onkel. Der freute sich, ihn wiederzusehen, und sagte:
„So. Der Starke hat dich also beschützt. Alle Achtung."
„Welcher Starke?" fragte Ivo erstaunt.
„Na, *dein* Starker. Den wirst du doch wohl kennen."
Ivo schüttelte den Kopf. Er wußte gar nicht, wovon der Onkel sprach.
„Na ja, man sieht ihn ja nur bei hellem Sonnenlicht. Wahrscheinlich hast du da noch nie hingeschaut", sagte der Onkel.
„Wohin?" fragte Ivo.
„Na hinter dich, wo dein Starker steht, der immer dahin geht, wo du auch hingehst."
Ivo schaute hinter sich, sah aber niemanden.

Am nächsten Tag, als die Sonne schien, ging der alte Onkel mit Ivo zu einer großen weißen Mauer. Ivo stellte sich davor und sah langsam über seine linke Schulter nach hinten, wie ihn der Onkel geheißen. Da stand ein riesengroßer Junge. Der Onkel zeigte auf ihn und sagte: „Das ist dein Starker!"
Die Sonne ging hinter eine Wolke, und der große Junge verschwand.
„Wo ist er jetzt?" fragte Ivo.
„Er ist noch da, nur unsichbar", sagte der Onkel. „Du kannst ihn am Rücken fühlen. Kannst du?"
Ivo merkte, daß sein Rücken irgendwie gerader und seine Arme stärker waren.

Jeden Nachmittag ging er jetzt mit dem Onkel an diesen Platz und prägte sich das Bild des starken Jungen ein. Wenn einmal die Sonne nicht schien, konnte er ihn sich bald trotzdem vorstellen, wenn er langsam über seine linke Schulter sah.

Einmal ging er sogar nachts mit dem Onkel hin und fürchtete sich kein bißchen, denn er wußte genau, daß der Starke da war. Klar, daß man ihn im Dunkeln nicht sehen konnte. Jetzt fühlte er an seinem Rücken, daß der Starke nicht nur an diesem Ort war, wo er ihn mal sah und mal nicht sah, sondern überall, wo er selbst war, immer und immer.

„Sag ich doch!"

Als einmal mit einem lauten Knall die Glasschüssel zersprang, weil der Onkel zu heißes Kompott hineingegossen hatte, standen Ivo und der Starke nur so da und sahen sich das an. Ivo verspürte gar keinen Drang, sich unter dem Sofa zu verstecken. Der Starke natürlich auch nicht.

„Beschützt der Starke mich vor dem Tod?" fragte er.

„Nein", sagte der Onkel, „denn alle Menschen müssen einmal sterben. Aber er beschützt dich vor der Angst, die zum Tode führt."

„Werde ich jetzt nie mehr in Gefahr kommen?" fragte Ivo weiter.

„Na, hör mal", sagte der Onkel und putzte seine Tabakspfeife. „Nenn mir bitte einen einzigen Helden, der *nicht* in Gefahr kommt. Der Starke und du, ihr beiden habt schon viele Gefahren bestanden, weil ihr im richtigen Augenblick das Richtige getan habt. Mal sich verstecken, mal hinzuspringen, mal vorsichtig sein, mal ein mutiges Wort wagen. So machen es doch die Helden!"

Ivo nickte. Der Starke nickte auch. Nachts im Bett unterhielten sich die beiden jetzt oft, manchmal im Wachen, manchmal im Traum. Da brauchte nun niemand mehr zu schreien.

# Traum, Schlaf und Tod

Da ist einmal ein Kind vom Himmel gefallen. Einfach so.
Das ist aber schon lange her. Es fiel auf einen Busch und rutschte auf den äußeren Zweigen sanft auf den Gartenboden. Zum Glück stand da gerade eine Frau mit ihrem Mann.
„Wir haben uns zwar kein Kind gewünscht", sagten sie, „aber wenn es nun schon mal da ist, behalten wir's."

Obwohl es von nichts eine Ahnung hatte – denn es war ja gerade erst vom Himmel gefallen –, war das Kind guter Dinge. Es lernte schnell, sich in der neuen Welt zurechtzufinden. Es trank und aß, was die Frau ihm gab. Besonders liebte es süße Milch und einen Brei aus Salat und Bananen, mit einer kleinen Prise Muskat.
War die Sonne da, so spielte das Kind mit seinen Fingerchen und mit allerlei buntem Spielzeug, das der Mann ihm gebastelt hatte. Es spielte mit Blättern und Blumen und sah den Schmetterlingen zu. Es hörte die Vögel und versuchte ihr Gezwitscher nachzuahmen. Es brabbelte „Mam mam mam" und „Pap pap pap" vor sich hin, und die Frau und der Mann dachten, daß das hübsche Namen für sie beide seien.
Ging die Sonne fort, so ging das Kind, ohne es selbst recht zu merken, ins Traumland und spielte dort weiter. Die Frau und der Mann störten es nicht, sondern gaben ihm immer reichlich von allem, was es brauchte. Das Kind gewöhnte sich an ihre Gegenwart. Sie waren der wichtigste Teil seines Lebens. Von ihnen lernte es sprechen und lachen. Es lernte auch, seine Tränen zu verstehen. Einmal, als es im Garten herumspazierte, fand es das Rotkehlchen im Gras liegen, ganz still und mit geschlossenen Augen.

„Was macht's denn da?" fragte das Kind.

„Es ist tot", sagte die Frau traurig, und das Kind weinte, denn es fühlte den Schmerz der Trennung in seiner kleinen Brust.

Wenn das Kind am Abend in seine Traumwelt hinüberging, waren die Eltern noch wach, und wenn es am Morgen aufstand, saßen sie schon am Frühstückstisch. Noch nie hatte das Kind seine Eltern im Bett liegen sehen.

Aber eines Nachts wachte es plötzlich auf. Es hatte zuviel Kuchen gegessen, und der Bauch tat ihm weh. Erstaunt bemerkte es zum ersten Mal die Dunkelheit, die es zuvor noch nie gesehen hatte. Es stand auf, um seine Eltern zu suchen. Vorsichtig tastete es sich in das Zimmer, in dem es seine Eltern vermutete. Der Mond schien hell durch's Fenster und gerade auf die Kopfkissen.

Eine große, unbekannte Stille war im Haus. Die Eltern rührten sich nicht. Sie lagen still da, mit geschlossenen Augen.

Das Kind bekam einen großen Schreck. Es dachte an das stille Rotkehlchen im Garten, das auch so mit geschlossenen Augen dagelegen hatte. Da rannte es auf den mondbeschienenen Weg hinaus und schrie und weinte: „Mama ist tot, Papa ist tot, Mama ist tot, Papa ist tot."

Das hörte nun die Nachbarin, die ihr Häuschen am Waldrand stehen hatte. Sie zog sich die Strickjacke übers Nachthemd und kam heraus, um zu sehen, wer da so jämmerlich schrie. Als sie das vom Himmel gefallene Kind sah, lief sie auf den Weg hinaus und fing es ein.

„Was weinst du denn hier so bitterlich, mitten in der Nacht?" fragte sie mitleidig, nahm das Kind auf den Arm und trug es ins Haus.

„Mama und Papa ...", jammerte das Kind weiter.

*Traum, Schlaf und Tod*

Davon wurde auch der Nachbar wach. Und die Kinder des Nachbarn. Und der dicke Kater des Nachbarn. Alle kamen in die Küche, um sich über die nächtliche Ruhestörung zu wundern.

„Kind", riefen sie durcheinander. „Was ist denn eigentlich los? Was gibt es?"

„Das Kind hat geträumt", sagte das Kind, denn es konnte noch nicht ich sagen. „Das Kind hat Bauchweh. Nur Mama und Papa liegen im Bett und sind tot."

„Wenn du das geträumt hast, dann muß es ja noch nicht die Wirklichkeit sein", sagte der Nachbar freundlich. Das Kind verstand nicht, was er damit sagen wollte. Die Nachbarin kochte einen Kamillentee für das Bauchweh.

„Deine Eltern schlafen sicher nur fest", sagte das Nachbarsmädchen.

„Was ist schlafen?" fragte das Kind.

Der Kater miaute, der Nachbarsjunge lachte. „Na, das machen wir doch alle jede Nacht", sagte er.

„Wie denn?" fragte das Kind verwirrt.

„Man legt sich hin, macht die Augen zu und ist ganz still."

„Ne", sagte das Kind. „Dann bist du tot. So wie das Rotkehlchen." Und es fing wieder an zu weinen.

„Aber du selbst schläfst doch auch jede Nacht", rief der Junge.

„Ne", sagte das Kind wieder. „So was macht das Kind nicht."

Tatsächlich weiß man ja nicht oder merkt es jedenfalls nicht, wann man eingeschlafen ist. Und weil niemand je über das Schlafen geredet hatte, wußte das Kind nur, daß es träumte.

„So kommen wir nicht weiter!" grummelte der Nachbar und gähnte.

„Am besten wir gehen mit dem Kind zu seinem Haus und sehen nach dem Rechten", sagte die Nachbarin, obwohl sie auch ziemlich viel gähnen mußte.

Natürlich wollten die Nachbarskinder nun auch mit.

Nachdem das Kind den Kamillentee getrunken hatte, zogen alle ihre Schlappen an und machten sich auf den Weg. Der Kater ging vorne weg, denn er konnte des Nachts am besten sehen.

Allerdings schien ja der Mond, und bald kam die kleine Prozession zum Haus des Kindes. Leise, leise gingen sie ins Schlafzimmer der Eltern. Der Mond schien immer noch aufs Kopfkissen, und so konnten alle die Eltern liegen sehen, still und mit geschlossenen Augen. Der Nachbar wollte schon versuchen, sie zu wecken, aber die Nachbarin hielt ihn zurück und deutete auf die Frau.

Gerade seufzte sie leicht und drehte sich dann im Schlaf um. Da seufzte auch der Mann, drehte sich auch um und legte seinen Arm wieder über die Schulter der Frau. Die Frau lächelte im Schlaf.

Das alles sah das Kind aus nächster Nähe, denn es stand direkt an der Bettkante. Es wunderte sich sehr und sah noch eine Weile zu, wie sich die Brust seiner Mama mit jedem Atem hob und senkte. Dann ließ es sich von der Nachbarin ins Bett bringen und gut zudecken. Ehe es sich versah, war es schon wieder im Traumland. Der Kater führte danach seine Leute zum Haus am Waldrand zurück, so leise, wie er gekommen war.

Am nächsten Tag allerdings gab es erst einmal viel Aufregung. Als die Eltern von den Nachbarn erfuhren, was sich in der Nacht alles zugetragen hatte, konnten sie es kaum glauben.

„War der Wein denn so schwer und unser Schlaf so tief, daß wir unser eigenes Kind nicht gehört haben?" fragte die Frau.

„Es ist ja nachts noch nie aufgewacht", sagte der Mann entschuldigend.

„Und das arme Ding hat uns für tot gehalten!" klagte die Frau.

Sie nahm das Kind auf den Schoß und drückte es fest an sich. Danach nahm der Mann es auf den Schoß. Das Kind legte seinen Kopf an des Vaters Brust und fühlte, wie sich diese Brust mit jedem Atemzug hob und senkte.

„Mach mal die Augen zu", sagte es dann und sah den Vater lange an.

„Es ist ein wahres Glück, daß der Mensch sich im Schlaf umdreht", bemerkte jetzt der Nachbar. „Ich weiß nicht, wie wir sonst euer Kind davon hätten überzeugen können, daß ihr lebt."

„Miau", sagte der Kater, und alle mußten lachen.

Da machte das Kind seine Augen selbst ein Weilchen zu und dann wieder auf. „Papa lebt, Kind lebt, Mama lebt", sagte es zufrieden.

In der nächsten Nacht schliefen alle drei zusammen in einem Bett, Papa, Mama und Kind. Das Kind dachte, es schliefe zum ersten Mal in seinem Leben. Dabei war es jetzt gerade die meiste Zeit wach, denn es drehte sich zusammen mit den schlafenden Eltern um, einmal nach rechts und einmal nach links. Und dann war es doch plötzlich und ganz unbemerkt wieder in seinem Traumland.

Von dieser Zeit an konnte das Kind sehr genau zwischen Traum, Schlaf und Tod unterscheiden. Und das, obwohl es vor gar nicht allzu langer Zeit erst vom Himmel gefallen war.

Ja, so ist das.

# Den Himmel unter den Füßen spüren

Laura hatte Angst. Nicht vor allem und nicht immer. Sie hatte einfach nur Angst zu fallen. Darum stieg sie auf keinen Stuhl, keinen Baum und keinen Berg. Sie fuhr nicht mit dem Roller oder dem Fahrrad. Sie ging an keinem Graben entlang und auf keine Treppe ohne Geländer. Sie fuhr auch nicht mit dem Ruderboot auf dem Meer, selbst dann nicht, wenn es ganz windstill war. Ja, sogar abends im Bett hatte sie oft Angst, denn sie fürchtete sich, beim Einschlafen in die dunkle Tiefe zu fallen. Mama hielt oft ihre Hand, aber sie konnte ja nicht immer und überall dabeisein. Beide Eltern machten sich Gedanken und Sorgen, woher das wohl komme und wohin es wohl führen solle, denn diese Angst ließ für Lauras Leben nur einen schmalen, engen Pfad.

Am liebsten saß Laura auf dem kleinen Bänkchen vor dem Haus, den Rücken fest an die Hauswand und die Füße fest auf den Boden gestemmt.

Eines Tages kam die große Laura zu Besuch. Das war Mamas Schwester. Sie setzte sich mit auf die kleine Bank, und nachdem sie so dieses und jenes geplaudert hatten, fragte sie:
„Bist du eigentlich schon mal gefallen?"
„Nein", sagte Laura.
„Wenn du fallen würdest, wo würdest du denn da hinfallen?"
Das wußte die kleine Laura gar nicht.
„Wenn man fällt und weiß nicht wohin, das ist blöd", sagte die große Laura. „Aber ich weiß, wohin man fällt."
Die kleine Laura schaute erstaunt.

Am nächsten Tag gingen sie beide ans Meer. Es war schon später Nachmittag, und der Abendmond stand silbrig über den Hügeln. Sie schauten zu ihm hinauf.

„Daß der nicht runterfällt!" sagte die kleine Laura.

„Unsere Welt ist nicht oben oder unten. Und der Himmel ist auch nicht oben oder unten. Er ist überall und hält die Erdkugel, den Mond und die Sterne wie Wickelkinder im Arm, immer und ewig."

Das mochte die kleine Laura nicht so recht glauben, obwohl es sich schön anhörte.

„Man kann das sogar fühlen", fuhr die große Laura fort. „Ich zeig;s dir. Du brauchst dich dazu nur auf den Rücken zu legen. Aber im Wasser, meine ich."

Mittlerweile hatte die große Laura schon so viele schöne Dinge erzählt, daß die kleine sich traute, mit ihr ins Wasser zu gehen. Das Meer lag ruhig und schillernd da, wie ein Seidentuch.

„Du mußt ein hohles Kreuz machen und den Kopf auch ins Wasser tun. Ich halte meine Hände unter dich. Aber du wirst bald merken, daß es der Himmel ist, der dich trägt", sagte jetzt die große Laura und stellte sich neben die kleine.

Laura legte sich auf den Rücken ins Wasser und tauchte auch den Hinterkopf ein. Das fühlte sich kühl an und kribbelte in ihren Haaren. Sie machte alles vorsichtig, ängstlich und langsam. Aber sie machte es, denn sie dachte: ‚Die große Laura ist auch mal klein gewesen und hat das alles nicht gekonnt. Aber jetzt kann sie es. Also kann ich es auch lernen.' Und das stimmte.

Während Laura so in den Abendhimmel schaute, vergaß sie alles andere. Und auf einmal merkte sie, daß sie getragen wurde. Zuerst meinte sie, das sei die große Laura. Aber dann merkte sie, daß es das Meer war. Vielleicht aber auch der Himmel. Denn jetzt schaute Laura rückwärts über ihre Stirn. Da stand der Silbermond. Und über seiner Sichel waren die Hügel zu sehen, also oben. Der Himmel aber befand sich zu Lauras Füßen. Und zwischen alledem schwebte sie selbst wie ein Astronaut im Weltraum, schwerelos.

Lange schwebte sie so und war glücklich, so richtig glücklich. Dann fühlte sie eine sanfte Berührung am Rücken, und die große Laura nahm sie in die Arme. „Na, weißt du jetzt, was ich gemeint habe?"

Die kleine Laura nickte stumm. Ihr Gefühl hatte etwas gelernt, das sie nie wieder vergessen würde. „Glaubst du, Oma und Opa haben das auch gewußt?" fragte sie dann unvermittelt. Und da war zu merken, daß sie die ganze, lange, angstvolle Zeit an den Flugzeugabsturz ihrer Großeltern gedacht hatte.

„Ich habe das Rückenschwimmen und das Mondgucken ja von Opa gelernt", sagte dann die große Laura. „Und Opa sagte immer: ‚Die Leute nennen das still im Wasser auf dem Rücken liegen *toter Mann*. Aber ich nenne es: ‚Den Himmel unter den Füßen spüren'!"

# Die gute Angst

Einmal fragte mich ein Kind, ob Tiere keine Angst hätten. Aber natürlich haben Tiere Angst. Das Küken hat Angst vor dem Habicht, das Schaf vor dem Wolf, und das Kaninchen vor der Schlange. Aber sie haben keine Angst vor dem Weltuntergang, vor dem Ozonloch oder einer Mathearbeit. Der Hahn hat keine Angst, daß ihm beim Krähen die Stimme versagt und ihn dann seine Hühner nicht mehr lieben. Das Schaf hat keine Angst, daß seine Wolle dieses Jahr dem Qualitätsanspruch des europäischen Marktes nicht genügt. Der Hase hat keine Angst, daß seine Enkelkinder einmal keinen ungespritzten Kohl mehr vorfinden werden. Auch wenn der Habicht, der Wolf oder die Schlange nicht da sind, haben sie keine Angst. Tiere haben nur Angst vor dem, was gerade jetzt passiert und da ist. Da sind sie irgendwie besser dran als wir. Aber auch bei den Menschen war's nicht immer so wie heute.

Wenn ihr wollt, dann würde ich euch gern eine etwas längere Geschichte dazu erzählen. Mir hat sie ein alter Mann erzählt, der sie von seinem Großvater kennt.

Vor langer, langer Zeit wohnte in einem großen Wald eine Göttin, Langoisse mit Namen. Sie lebte auf einem Hügel, so daß sie den ganzen Wald und auch einen Teil des Graslandes überblicken konnte. In diesem Gebiet lebten viele Tiere und vereinzelt Menschen. Die Menschen allerdings wußten gar nicht so recht, wie man lebt, denn sie machten das zum ersten Mal. Darum lebten sie auch nicht lange, denn weder taten sie sich zusammen, noch wußten sie, wie man sich vor Kälte, Hunger, Dürre oder wilden Tieren schützt.

Der Göttin taten die hübschen Menschen leid, und sie beschloß, ihnen zu helfen.

„Sie brauchen etwas, das sie warnt, damit sie nicht ins tiefe Wasser der Krokodiele laufen, ins Feuer treten oder in dunkler Nacht den Raubtieren zum Opfer fallen", sagte sie sich und dachte an eine Glocke, die sie läuten, oder ein Horn, das sie für sie blasen könnte. Aber da sie ja nicht an allen Stellen zugleich sein konnte, verwarf sie diesen Gedanken wieder. „Es muß etwas sein, das in ihnen passiert", dachte sie.

Als sie wieder einmal sah, daß ein Mensch seelenruhig sitzen blieb, als ein hungriger Berglöwe auf ihn zuspazierte, ließ die Göttin das Herz des Menschen plötzlich schneller schlagen. Sie ließ ihn schwitzen, ließ das Blut in seine Muskeln schießen und ließ ihn seine Augen mit großen Pupillen weit aufreißen. Der Mensch erschrak und erkannte die Gefahr, die da auf ihn zukam. Mit einem mächtigen Satz brachte er sich auf dem nächsten Baum in Sicherheit.

Auch einem anderen Menschen, der sich gerade bei stockfinsterer Nacht auf den Weg machte, um im Wald Früchte zu ernten, ließ sie plötzlich das Herz bis zum Halse schlagen, den Mund trocken werden und die Knie zittern. Der Mensch setzte sich vor Schreck nieder und bekam eine Gänsehaut. Er starrte ins Dunkel und fing an, nachzudenken. „Eigentlich sollte ich nachts nicht rumlaufen, denn ich sehe nichts", sagte er sich. „Ich weiß aber, daß es gefährliche Tiere gibt, die nachts sehr gut sehen und dann ihre Beute jagen. Ich will nicht ihre Beute sein. Also bleibe ich in meiner Höhle und warte auf die Sonne."

Einen dritten Menschen sah die Göttin, der ging ganz unbesorgt am Abgrund entlang. Gerade wollte er auf einem morschen Stamm die Schlucht überqueren. Er schaute in die Tiefe. Und da ließ ihn die Göttin Langoisse schwindlig werden. Sein Magen drehte sich um, und seine Hände zitterten. Er mußte sich hinsetzen und hatte dadurch Zeit, die Zerbrechlichkeit des Baumstamms zu bemerken.

Wieder ein anderer Mensch begegnete unverhofft einer Giftschlange. Nur weil Langoisse ihm die Nackenhaare sträubte und das Blut in die Muskeln schießen ließ, konnte er blitzschnell einen schweren Knüppel packen und die Schlange unschädlich machen. An ihrem giftigen Biß wäre er gestorben.

So lernten die Menschen allmählich von der Göttin Langoisse, sich vor Gefahren zu schützen, indem sie entweder rechtzeitig davonliefen, sich still verhielten oder zuschlugen. Aber sie mißtrauten einander. Sie machten keinen Unterschied zwischen einem Berglöwen, einem Bären und einem Menschen. „Der will mir nur mein Zeug wegfressen, meine Höhle wegnehmen, oder mich gar umbringen", dachte jeder Mensch vom andern.

Die Göttin Langoisse setzte sich wieder auf ihren Hügel und dachte nach. Obwohl sie den Menschen ein Warnsystem geschenkt hatte, womit sie Gefahren erkennen konnten, würden sie dennoch allein den ersten Winter nicht überleben. Ein Mensch allein konnte niemals einen Nahrungsvorrat und Holz für den ganzen Winter sammeln, konnte nicht ununterbrochen wachen, konnte sich bei Krankheiten nicht allein helfen, konnte keine schweren Steine zum Schutz vor den Höhleneingang wälzen. So mußte die Göttin die Menschen noch etwas anderes lehren.

Als sich das nächste Mal zwei Menschen begegneten und drohend ihre Fäuste erhoben, strich Langoisse ihnen die Handflächen glatt und zauberte ein Lächeln auf ihr Gesicht. Erstaunt kamen sich die beiden Menschen näher und betasteten sich. Der eine hatte Früchte gesammelt, der andere Fische gefangen. Zusammen setzten sie sich zum Essen nieder. Der eine hatte Holz und zündete ein Feuer an. Der andere hatte eine Kürbisschale und holte Wasser. – So entstand Freundschaft.

Die beiden Menschen trafen zwei andere. Und wieder geschah dasselbe. Sie erhoben die geöffneten Hände und lächelten einander zu. Jetzt lebten sie schon zu viert zusammen. Der eine wußte, wo eine Quelle war, der andere konnte Körbe flechten, der dritte hatte Pfeil und Bogen, der vierte kannte den Platz, wo die besten

Waldfrüchte wuchsen. Sie teilten ihr Wissen und wurden dadurch alle reicher. – So entstand Dazugehörigkeit.

Des Nachts kamen oft Raubtiere geschlichen. Das Herz der Menschen klopfte laut, wenn sie nur daran dachten. Man mußte wachsam sein. Jetzt konnten immer drei schlafen, während der vierte Wache hielt. – So entstand Vertrauen.

Einmal gab es einen heftigen Streit, denn zwei der Menschen waren Frauenmenschen, und zwei waren Männermenschen, und sie hatten einander bitterlich gekränkt. Die einen wollten die anderen verjagen. Aber was dann? So sahen die Frauenmenschen über die Unordnung hinweg, die die Männermenschen angerichtet hatten, und die Männermenschen brachten reichlich Fisch und Früchte. – So entstand Großzügigkeit.

Als wirklich der Winter kam und lange blieb, wurde allen klar, daß sie nur überleben konnten, wenn sie ihre Vorräte zusammentaten und einteilten. Auch mußten sie eng zusammenrücken, um sich warm zu halten. – Entstand so die Liebe?

Einmal ging einer raus, um nach Feuerholz zu suchen, denn es wurde knapp. Da sah er einen fünften Menschen halb erfroren im Schnee liegen. Zuerst ging er vorbei und wieder nach Hause. Aber dann sagten sich alle: „Er ist kein Berglöwe, kein Kojote und kein Bär. Er ist ein Mensch wie wir. Wenn wir einander nicht helfen, wer wird es dann tun?" – So entstand Mitleid.

Die Menschen empfanden Dankbarkeit für alles, was sie von der Göttin Langoisse gelernt hatten. Als der Sommer kam, errichteten sie ihr einen Altar auf ihrem Hügel. Weil sie die Göttin ja nicht sehen konnten, schnitzten sie ein Bild von ihr, mit großen, sanften Augen, hochgezogenen Augenbrauen und einem Mund, der zu rufen schien: „Oh, seid achtsam!"

Immer wenn die Menschen einer Gefahr entronnen waren, eine mutige Tat getan oder sich gegenseitig beigestanden und so zum Beispiel eine Hungersnot überlebt hatten, legten sie der Göttin Gaben auf den Altar: Früchte, Federn und schöne Steine.

Unterdessen gab es auch Kindermenschen. Wenn die großen Menschen sich um die kleinen sorgten und sie nicht rausgehen lassen wollten, dann sagten die kleinen: „Aber laßt uns doch. Uns passiert nichts. Wir haben ja Langoisse."

Das sagten sie oft so schnell und nuschelig, daß aus dem Namen Langoisse mit der Zeit Angst wurde. So lebten sie lange Zeit.

Als aber die Zahl der Menschen immer größer und das Leben immer leichter wurde, vergaßen sie ihre Wohltäterin. Niemand legte mehr Gaben auf den Altar. Da ergrimmte die Göttin, und in ihrem Zorn wollte sie die undankbaren Menschen strafen. Was sie ihnen beigebracht hatte, das konnte sie nicht mehr wegnehmen. Aber sie setzte sich eine gräßliche Geistermaske auf und ließ bei vielen Menschen das sonst so hilfreiche Warnsystem ohne Grund langanhaltend rasen und rasseln. So wurde die Angst zur Krankheit.

Der einzige Weg zurück – das hat mir der alte Mann gesagt – ist der, daß man sich nah, ganz nah an die Göttin heranwagt und ihr die gräßliche Maske abnimmt. Denn dann erscheint dahinter wieder die liebevolle Lebensgöttin mit den sanften, großen Augen, den hochgezogenen Brauen und dem lieblichen Mund, der zu hauchen scheint: „Oh, seid achtsam!"

„Ich denke, das sollten alle wissen, die sich auf eine Reise in die Anderswelt vorbereiten", sagte der alte Mann.

# Anhang

Die kleine Schwalbe

Auf der Turmspitze eines alten braunen Kirchturms
saß einmal eine kleine Schwalbe, am Rande ihres Nestes.

Nur Mut, sagte ihre Mutter. Öffne deine Flügel dem Wind.
Öffne sie ganz und gar, und wirf dich dann nach vorn.

Das Schwälbchen zögerte und sagte: Das ist ganz schön tief!
Meine Flügel sind zu klein. Aber seine Mutter antwortete:

Als ich mich von der Höhe unseres Daches warf,
hat der Liebe Gott mich getragen. Und ich war so klein wie du.

Da öffnete das Schwälbchen ganz locker seine Flügel dem Wind,
öffnete sie ganz und gar und warf sich nach vorn.

Und o Wunder, es flog und fürchtete sich kein bißchen.
Rund um die ganze Kirche flog es, ganz wunderschön.

Und seine Mutter flog mit ihm und sang aus vollem Herzen
ihr Schwalbenlied vom Schöpfer, der sie trug.

(Eugène Rambert)